基督教文化研究丛书

主编 何光沪 高师宁

八编 第 7 册

基督教慈善与资源动员
——以一个城市教会为中心的考察

刘 影 著

花木兰文化事业有限公司

国家图书馆出版品预行编目资料

基督教慈善与资源动员——以一个城市教会为中心的考察／
刘影 著－－初版－－新北市：花木兰文化事业有限公司，2022
〔民 111 〕
目 2+194 面；19×26 公分
（基督教文化研究丛书 八编 第 7 册）
ISBN 978-986-518-696-8（精装）
1.CST：基督教 2.CST：教会 3.CST：公益事业
240.8   11002205

ISBN-978-986-518-696-8

9 789865 186968

基督教文化研究丛书
八编 第七册   ISBN：978-986-518-696-8

基督教慈善与资源动员
——以一个城市教会为中心的考察

作 者 刘 影
主 编 何光沪 高师宁
执行主编 张 欣
企 划 北京师范大学基督教文艺研究中心
总 编 辑 杜洁祥
副总编辑 杨嘉乐
编辑主任 许郁翎
编 辑 张雅淋、潘玟静、刘子瑄 美术编辑 陈逸婷
出 版 花木兰文化事业有限公司
发 行 人 高小娟
联络地址 台湾 235 新北市中和区中安街七二号十三楼
       电话：02-2923-1455／传真：02-2923-1452
网 址 http://www.huamulan.tw 信箱 service@huamulans.com
印 刷 普罗文化出版广告事业
初 版 2022 年 3 月
定 价 八编 16 册（精装） 台币 45,000 元

基督教慈善与资源动员
——以一个城市教会为中心的考察

刘影 著

作者简介

刘影，2014 年至今就职于南京农业大学人文与社会发展学院社会学系，曾于 2000 至 2006 年读于华中科技大学社会学学院社会学专业，2006 至 2010 年就职于爱德基金会从事公益项目管理工作，又于 2010 至 2014 年就读于上海大学社会学学院，师从李向平教授攻读宗教社会学。研究方向为宗教慈善，已在《世界宗教文化》等期刊发表与宗教有关的论文数篇，如"宗教信徒对中华文化认同的影响因素探究——基于基督徒群体的实证分析"，《世界宗教文化》2020 年第 2 期；"2011–2012 年度中国基督教慈善研究：回顾与思考"，《中国宗教研究年鉴》，2013 年。

提　　要

　　改革开放四十年来，基督教在中国变迁显著，其中，宗教慈善也越来越多地呈现于公众视野。但为什么在相似的政策环境下，各地教会开展慈善活动呈现不一的局面？本研究选取江苏省 K 市基督教教会为研究对象，以资源动员理论为主要分析视角，详细了考察了"教会拥有哪些慈善资源"、"这些慈善资源如何被动员"以及"有哪些慈善产出"三个问题。研究发现，教会拥有较为丰盛的人力资源和资金资源，教会领袖亦通过个人政治身份获得一定关系资源。动员机制方面，教会通过圣经话语的神圣动员、促进群体认同感生成的框架动员、"三统一"决策的组织动员以及在政治机遇结构下的外部动员四种方式将以上资源整合起来，从而产出了"天使乐队"、"迦南书画院"和"姐妹心语室"等新型公益活动。此外，从慈善角度来窥视教会与基层政府的互动关系是本研究的最终关怀。研究发现，教会组织与基层政府的互动关系呈现不同的两股力量的碰撞。一方面，地方宗教管理部门对教会组织进入社会领域仍有所戒备与顾虑，未能完全扬弃对基督教的防御，呈现出外紧内松的态势。另一方面，基层政府出于治理需求积极探索与教会组织的合作之道，希望教会利用自身的优势参与社区建设。因此，基督教在这种"宽严相济"的处境中，唯有在实践层面开拓出一条不与国家话语相悖而又展现出其社会性、公共性的社会化路径方为上策。

"基督教文化研究丛书"总序

何光沪 高师宁

基督教产生两千年来，对西方文化以全世界文化产生了广泛深远的影响——包括政治、社会、家庭在内的人生所有方面，包括文学、史学、哲学在内的所有人文学科，包括人类学、社会学、经济学在内的所有社会科学，包括音乐、美术、建筑在内的所有艺术门类……最宽广意义上的"文化"的一切领域，概莫能外。

一般公认，从基督教成为国教或从加洛林文艺复兴开始，直到启蒙运动或工业革命为止，欧洲的文化是彻头彻尾、彻里彻外地基督教化的，所以它被称为"基督教文化"，正如中东、南亚和东亚的文化被分别称为"伊斯兰文化"、"印度教文化"和"儒教文化"一样——当然，这些说法细究之下也有问题，例如这些文化的兴衰期限、外来因素和内部多元性等等，或许需要重估。但是，现代学者更应注意到的是，欧洲之外所有人类的生活方式，即文化，都与基督教的传入和影响，发生了或多或少、或深或浅、或直接或间接，或片面或全面的关系或联系，甚至因它而或急或缓、或大或小、或表面或深刻地发生了转变或转型。

考虑到这些，现代学术的所谓"基督教文化"研究，就不会限于对"基督教化的"或"基督教性质的"文化的研究，而还要研究全世界各时期各种文化或文化形式与基督教的关系了。这当然是一个多姿多彩的、引人入胜的、万花筒似的研究领域。而且，它也必然需要多种多样的角度和多学科的方法。

在中国，远自唐初景教传入，便有了文辞古奥的"大秦景教流行中国碑颂并序"，以及值得研究的"敦煌景教文献"；元朝的"也里可温"问题，催生了民国初期陈垣等人的史学杰作；明末清初的耶稣会士与儒生的交往对话，带来了中西文化交流的丰硕成果；十九世纪初开始的新教传教和文化活动，更造成了中国社会、政治、文化、教育诸方面、全方位、至今不息的千古巨变……所有这些，为中国（和外国）学者进行上述意义的"基督教文化研究"提供了极其丰富、取之不竭的主题和材料。而这种研究，又必定会对中国在各方面的发展，提供重大的参考价值。

就中国大陆而言，这种研究自 1949 年基本中断，至 1980 年代开始复苏。也许因为积压愈久，爆发愈烈，封闭越久，兴致越高，所以到 1990 年代，以其学者在学术界所占比重之小，资源之匮乏、条件之艰难而言，这一研究的成长之快、成果之多、影响之大、领域之广，堪称奇迹。

然而，作为所谓条件艰难之一例，但却是关键的一例，即发表和出版不易的结果，大量的研究成果，经作者辛苦劳作完成之后，却被束之高阁，与读者不得相见。这是令作者抱恨终天、令读者扼腕叹息的事情，当然也是汉语学界以及中国和华语世界的巨大损失！再举一个意义不小的例子来说，由于出版限制而成果难见天日，一些博士研究生由于在答辩前无法满足学校要求出版的规定而毕业受阻，一些年轻教师由于同样原因而晋升无路，最后的结果是有关学术界因为这些新生力量的改行转业，后继乏人而蒙受损失！

因此，借着花木兰出版社甘为学术奉献的牺牲精神，我们现在推出这套采用多学科方法研究此一主题的"基督教文化研究丛书"，不但是要尽力把这个世界最大宗教对人类文化的巨大影响以及二者关联的方方面面呈现给读者，把中国学者在这些方面研究成果的参考价值贡献给读者，更是要尽力把世纪之交几十年中淹没无闻的学者著作，尤其是年轻世代的学者著作对汉语学术此一领域的贡献展现出来，让世人从这些被发掘出来的矿石之中，得以欣赏它们放射的多彩光辉！

2015 年 2 月 25 日
于香港道风山

目

次

第一章 导 言

第一节 问题的提出

自唐朝"景教"传入中国以来，基督宗教[1]在中国已存在 1300 多年。虽然期间出现了有"西方孔子"美誉的利玛窦这样的人物，但总体而言，基督教在中国所走过的是一条曲折而又螺旋式发展的道路。

当我们用加长镜头的万花筒回顾近代基督教在中国的发展时，我们可以看到，1949 年中华人民共和国成立前夕，中国的基督徒人数为 70 万，今天，基督徒规模已经达到 2000 万到 4000 万[2]。一方面我们为他们规模的快速壮大而惊叹，但另一方面如果我们就此认为基督教在中国处于持续走高的"牛市"则显得过于天真。在基督徒人数高速增长的表象之下，有一些值得探讨的问题。例如，当我们细究基督徒的灵性资本，皈依形式，以及一些隐藏于"地下"的信徒时，这个数字就会发生变化。我们首先来看一看信仰者的特征。大众对中国基督徒的普遍认识是"三多"，即老人多、妇女多、文盲多，

---

1 基督宗教包括天主教、东正教与新教，后文中的"基督教"专指新教。

2 不同研究机构及学者对中国大陆基督徒人数的估算相差较大，其中比较受学界认可的有：华东师范大学童世骏教授于 2005 年进行的"当代中国人精神生活调查"，该研究认为中国有基督徒 4000 万以上；美国普渡大学杨凤岗教授委托零点公司于 2007 年对 7021 人做了问卷调查，并推论中国大陆信仰基督的人有 3000 万；最近的研究则是中国社会科学院世界宗教研究所课题组在"中国基督教入户问卷调查报告"中发布的，该课题组认为中国信仰基督教的人数占总人口的 1.8%，有 2305 万。综合这三组研究我们基本认为中国基督徒人数在 2000 万-4000 万。

似乎这些处于资源匮乏状态的边缘弱势群体更容易从宗教中获得一般补偿物。但是，我们发现，在城市，越来越多的中产阶级乃至资产丰厚的人也加入到了这个信仰共同体中，有的基督徒老板还把个人信仰融入企业运营中。再来看基督教积极参与社会慈善的一面。国家宗教局的数据显示，基督教界开展的公益慈善项目涵盖了灾害救助、扶贫助残、养老托幼、捐资助学、医疗卫生、环境保护等诸多领域，近 5 年来仅用于救灾、扶贫、助学等方面的捐款累计就达 3.5 亿元之巨（王作安，2013：6）。但是当我们透过这一红红火火的景象透视背后的问题时不免会产生这样一个疑问：除了捐钱、捐物外，基督教在整个社会慈善公益事业中还有其他的发声方式吗？

基督教的发展变化离不开整个社会环境的变迁，尤其是改革开放以后，中国的社会结构发生了很大变化，进入了学者所称的后总体性社会，国家让渡部分公共建设的权力，更多的社会团体开始参与到社会建设中来。这些变化，让我们不得不思考，作为发展速度极快的基督教团体，如何适应时代的发展，如何整合自己的宗教资源并按其信仰的表达和实践逻辑参与到社会建设中来？这也是基督教本土化在今天的最新课题，即如何实现基督教信仰的多样化、现代化、理性化和社会化的议题。

本研究的提出主要来源于以下三个方面：基督信仰在中国的发展变化，相关领域的学术成果以及个人的学术兴趣，具体阐释如下。

一、从基督信仰到社会实践的转变

学者李向平（2011：140）总结改革开放三十年来基督教的发展历程认为其主要呈现三步走的特征：20 世纪 80 年代为落实宗教政策阶段，修复教堂是该阶段的重点；20 世纪 90 年代到 2000 年，是恢复与重建期；21 世纪以来，基督教开始慢慢走出自己的教堂等封闭的活动场所，进入社会。那么，作为把满足信徒宗教生活需求作为核心功能的这样一个信仰共同体为什么要走出教堂，参与社会事务呢？我们可以从两方面来看。

一方面是来自政界与学术界的推动。他们强调中国宗教的社会性，不仅希望宗教界在公序良俗、社会道德、稳定人心等方面发挥作用，更希望宗教界以各种类型的宗教组织为基础，在诸如社会福利、扶贫救灾、民间互助等方面做出实质性的参与。

另一方面，除了主流群体的支持因素外，教会作为具有自我理性的"行动者"也在不断探索其发展之道。越来越多的信徒认识到，信仰很重要，但更重要的是怎样"活出信仰"。中国基督教三自爱国运动委员会和中国基督教协会（以下简称中国基督教两会）在其社会服务年终报告中明确提出其宗旨在于"践行信仰、活出基督"（中国基督教两会，2012）八个字。就基督教而言，信仰之体现或表达是在日常生活中，而不是（或不仅仅是）在教堂或教会里⋯⋯实践成为一个关键词（黄剑波，2012：377）。由此，无论是主动认识抑或被动期待，基督教慈善，作为适应和服务社会的最佳途径，开始陆续呈现出来。

二、基督教慈善现状及相关研究

改革开放以来，慈善公益事业领域转变为政府部门、市场组织、民间团体及普通民众等主体共同参与、协商和博弈的场域（刘威，2010：55）。宗教界也在其中开始扮演重要的角色。李若木等人（2012：47）对 2007 年居民精神生活调查所得数据进行统计分析发现"那些宣称相信宗教的人更可能参与到公益活动中，尤其是道教和基督教"。医疗卫生、养老托幼、助残扶贫、助困资学、灾害救助等是目前基督教界开展慈善活动的主要领域。

基督教慈善的发展壮大也引起了学者的注意，学者们对基督教慈善先后进行了很多有益的探讨。但是通过文献梳理我们发现，大部分研究集中于借慈善为宗教正名以及对宗教慈善的现状、不足和应对方式的探讨。教会，作为宗教慈善的重要行动主体，在目前的众多研究中被遗忘。因此，本研究希望通过资源的视角对目前的基督教慈善事业进行一番新的解读，在解读的过程中，教会的主体地位将得到充分重视。

更重要的是，透过宗教慈善这面棱镜，我们希望看到基督教在当前中国大陆的位置，具体地说，即教会与社会、信徒与非信徒的实践关系。诚如有学者指出的，"基督教会与中国社会有着颇为独特的关系，这种关系的发展在当代中国引人注目，亦意义深远⋯⋯迄今基督教会在中国给人的印象仍然是与社会关系敏感微妙、与政治关系密切复杂"（卓新平，2003：247）。但同时，我们也应注意到，这种关系"是一种双向互动而非单向建构的关系⋯⋯基督教与中国社会之间有张力、冲突，但主要是在此过程中双方的相互之间的适应和协调"（杨玲霞，2011：13）。那么，慈善是否受到这种错综复杂的关系的影响？这是笔者关心的问题。从另一个角度看，如果我们梳理清楚了慈善活动中教会与社会、信徒与非信徒的关系，是不是可以管窥中国基督教的现状？从"多一个基督徒，少一个中国人"到"多一个基督徒，多一个五好公民"，慈善在这种认知变化中是否起到了促进作用？这些都是很有意思的研究课题。

三、经验观察的困惑

基于个人的经历，笔者对基督教慈善既十分熟悉又比较陌生，熟悉在于笔者于 2006 年到 2010 年在爱德基金会[3]工作，这是一家由丁光训主教等人发起的有基督教背景的非政府组织，主要从事公益扶贫工作，四年的工作经历让笔者对基督教开展公益的情况比较熟悉。但是这样的熟悉是一种自然而然的熟悉，是不问为什么的熟悉，而不是学术上的熟悉，笔者曾经理所当然地认为基督教开展慈善工作是顺理成章的事情，直到 2011 年有幸参与华东师范大学李向平教授的课题"长三角地区基督教社会服务现状调研"后，笔者才发现，以前视为合理的必然的事情突然变得不确定起来。例如，为什么相同的政策环境，相似的教义基础，各地教会慈善却呈现不一样的状况？教会开展的慈善活动与一般社会中的公益有何不同？教会的慈善公益事业受到哪些因素的挑战呢？

带着这些基于经验观察的困惑，笔者开始了此项研究。

第二节　重要概念界定

一、基督宗教与基督教

基督宗教（christianity）是一种信仰独一真神（圣父、圣子和圣灵）的宗教，具体又分为天主教、东正教和新教三大派别，而我们习惯称呼新教为基督教。

---

3 爱德基金会是一家成立于 1985 年，致力于扶贫、教育、灾害管理、公共卫生与艾滋病防治等多领域的非政府组织，其最早创始人之一为丁光训主教，因此爱德基金会有一定的基督教背景，但又不是纯粹的教会组织。2009 年，地处南京的爱德基金会与江苏省基督教两会合作，成立"江苏基督教爱心公益基金"，该基金致力于推动社会服务理念在教会的深入，促进教会开展社会服务工作，并与江苏多个城市的教会开展项目合作，K 市基督教也参与到该合作中。

基督教在中国大陆的情况较为复杂，这里首先需要解释一下"三自教会"以及相对应的"家庭教会"这两个概念。1950 年 7 月 28 日，包括时任中华基督教青年会全国协会出版组主任的吴耀宗在内的 40 名中国基督教知名人士联合发布了《中国基督教在新中国建设中努力的途径》（后被称为《三自宣言》），该宣言提出中国教会要脱离海外教会组织的控制，由中国人自己来办，真正实现自治、自传、自养。具体来说，自治指教会内部事务独立于国外宗教团体之外；自养指教会的经济事务独立于政府财政和国外宗教团体之外，但由政府拨付基本工资和费用，亦可接受教徒捐赠；自传指完全由本国教会的传道人传教和解释教义，不准在教堂外传教。因此，所谓"三自"，更确切地说是一种精神，而非教派的名称。在本研究中，为了方便起见，我们仍然延用习惯叫法"三自教会"。相对于"三自教会"的是"家庭教会"，又称"非建制教会"。与西方语境中的家庭教会[4]不同的是，中国情境下的家庭教会其产生、存在的原因以及当前内部的分化现象都更为复杂，学者梁家麟（1999：53-62）提倡我们不要为该词赋了僵化的政治含义，认为它等同于反三自的新教群体。关于家庭教会内部的不同形态，梁氏在其《改革开放以来的中国农村教会》一书中有详细论述与分类，更多内容可参见该书。

二、慈善与公益

当我们表达"无私、无偿地为社会提供服务"这个意思时，慈善与公益是经常被提及的两个词，二者有共同点，但区别亦很明显。

从词源上看，慈善（charity）来自拉丁文 caritas，原意是指一般意义上的人之亲爱。随着欧洲社会在公元 1 世纪以后逐渐基督教化，该拉丁文名词也渐渐的带有宗教色彩，被称为"基督之爱"。经过 20 世纪的世俗化，charity一词又趋于世俗之意，不一定和宗教发生直接关系（李天纲，2013）。而公益（philanthropy）由两个拉丁字根"phil"和"anthropy"组成，意思是"爱人类"，引申下去就是促进人类的福祉，较之前者社会性更强，覆盖面更广，更侧重长远效果（资中筠，2011：10）。郑筱筠、Weller 等人（2011：12-15）讨论过这两组概念的区别，郑氏认为，公益更多的是体现公民与社会的关系，是社会良知与成员责任心的社会表现，而不在于受益者是否与自己有地域或

---

4 西方语境下的家庭教会是指因为人员少可以面对面交流的聚会形式，它区别于"牧师-长椅"式的大教堂式的聚会。

其它关系。Weller 认为慈善是中国的一个古老术语，指的是这样一类慈善活动：宗族帮助其子弟接受教育，在紧急情况发生时，当地精英贡献粮食进行救济或者商人在自然灾难之后捐钱对他们家乡地区进行救助；而公益是近来才出现的一个术语，其基础更加宽泛，是对所有需要帮助的人的慈善，甚至完全陌生的人。从服务对象上看，有学者将这种"对陌生人的同情"视作一种"普世的同时又是个体主义的新型社会性……突破了个体-社会-国家的传统模式"（阎云翔，2012：339）。

简言之，慈善一般是建立在血缘基础之上，往往由近及远，由亲及疏，有一定的封闭性和内敛性。而公益更多的强调普世性，提供的服务也更强调从根本原因着手，简单地概括，即"授人以渔"而非"授人以鱼"。

基督教开展慈善活动也可以根据受益方的不同分为两种情况：当受益人局限于教会组织内时，我们称为"肢体互助"，如奉献金钱用于建教堂、奉献时间探望老人、资助贫困或患有重大疾病的信徒；除了"肢体互助"外，还有一种类型，即受益人超越信仰共同体，扩展到一般性的社会中的他人，这时基督教的慈善活动才具有公益的性质。

另外，社会服务一词也是基督教内经常提到的一个词。社会服务的定义由英国伦敦政治经济学院的理查德·蒂特姆教授在 1951 年第一次提出，他认为"社会服务就是救济贫困"。而宗教组织的社会服务有狭义和广义之分。狭义的社会服务是指宗教社团和信徒个人为穷人、孤寡残幼和受灾人群提供的传统服务和帮助。广义的社会服务是指宗教社团和信众为服务对象提供的旨在改变观念、提升素质、改善生活状况的服务与帮助（唐代虎，2011：274-275）。

本研究中，笔者大多以"慈善"来界定这种行为。首先，慈善的原意就有基督之爱的意思，放在本篇对基督教的研究中更为合适；其次，从教会开展社会服务的总体状况来看，大部分工作仍然停留在"肢体互助"的阶段，且多以直接提供资金、物资为主要活动形式；最后，当我们借用罗伯特·佩腾的"现代慈善"概念时，这里的慈善又有公益的含义，即通过志愿行为给予金钱、时间、智力来减轻他人（与自己没有血缘或者法律关系）的痛苦，或改善社区的群体生活质量，包括促进社区的文化、教育与娱乐（朱力等，2012：62）。

三、慈善资源及其动员方式

无论人们做什么事情，都要利用各种各样的资源。经济学上讲的资源是指生产或经营活动的要素（韩志明，2012：59），社会学视野下的资源概念则具有更加丰富的含义，众多学者对其进行了讨论：

在安东尼·吉登斯（1998：7）看来，资源是行动者为完成其所做的一切事物而在其活动过程中予以运用的，它们内嵌于社会体系的再生产过程之中……资源可以被分为两类：配置性资源和权威性资源，其中，配置性资源主要表现为各种物质产品，如生产工具、自然资源，体现了人与物的向度；而权威性资源则表现为各种社会关系，如血缘关系、宗教传统，体现了人与人的向度（郭忠华，2008：157）。

詹姆斯·科尔曼（1999：34-41）对资源作了更为宽泛的理解，在他看来，资源是那些被行动者所控制的并能够使其自身需要和利益获得满足的物品、非物品以及事件。

林南（2005：20、40-44）则强调从关系网络看资源，他认为资源就是在一个社会或群体中被认为有价值的东西，包括物质或符号物品，如果这些东西被占有会增加占有者的生存机遇。在林南（2005：54）看来，当资源在市场被投资以产生期待的回报时，他们就变成了社会资本。

从分类学角度来看，就资源的归属而言，既包括个人的资源也包括集体的资源；就资源的存在形态而言，包括有形的资金、场所、设施和成员等，也包括无形的意识形态、领袖气质、组织技巧、合法性支持等等。此外，还可将资源分为体制内资源、体制外资源，神圣资源、世俗资源等。

本书的慈善资源是指用来帮助教会开展慈善活动的一切要素和有利条件的综合。

资源动员最初是社会运动研究的一种理论范式，指一个社会群体或组织征集物质的、非物质的资源，置于集体控制之下，通过集体行动，利用其资源来追求明确的集体利益目标的过程。简言之，就是行动者"为追求目标而聚集资源的过程"（韩志明，2012：59）。本文中的资源动员是指教会作为慈善公益主体如何运用一系列动员知识与技术影响个体，调动和发挥教会及政府等各类资源，采取适当的策略技术以做出慈善行为的选择。

第三节　文献概览和理论基础

在已出版的学术成果中，笔者将关于宗教慈善的研究分别从"功能"、"现状"及"治理"三大视角进行文献梳理，继而再重点对围绕基督教慈善的过往研究做回顾探讨。此外，笔者还将对本研究的理论支撑——资源动员理论及其相关研究进行概括梳理，以此引出本研究的主题、方法及意义。

一、对宗教慈善研究的梳理

亨利·艾伦·莫（Henry Allen Moe）的名言"宗教乃慈善之母"道出了宗教与慈善的密切关系。刘培峰（2012：44-46）研究了古往今来宗教与慈善的关系，他发现二者经历了同源、分化又发展的渐进过程。在中国，随着宗教在促进经济社会发展中的积极作用的增强，政界、学界、教界对大陆宗教慈善，尤其是基督教慈善的关注度也与日俱增。

近些年国内相继召开了多场以宗教慈善为主题的学术会议，比如2007年中国人民大学与河北信德文化研究所联合举办了第一届宗教与公益事业论坛，2011年上海大学宗教与社会研究中心举办了"宗教与慈善"国际学术研讨会，2012年爱德基金会与南京大学联合举办了"宗教与社会发展：构建和谐社会"国际论坛。另外，还有诸如专门围绕佛教慈善的会议，如中国佛教协会等机构联合举办的"灾难危机与佛教慈善事业暨第二届宗教与公益事业论坛"。在这些会议上，国内外学者分别从神学、历史学、社会学及政治学的不同学科立场对宗教慈善进行了系统讨论。本研究拟从社会学的角度梳理目前对宗教慈善，包括基督教慈善的研究成果，探寻还有哪些值得我们进一步思考的新问题、新动向。梳理下来，学者对宗教慈善的研究路径主要有"功能"、"现状"及"治理"三大视角。

1. 宗教慈善的功能

功能视角，即学者认为宗教慈善是构建和谐社会的途径之一，宗教慈善一方面可以使人心向善，提高公民素质和功德，另一方面也有利于宗教向社会展示其真善美的内涵，有利于改变宗教的负面社会形象（安伦，2012）。宗教慈善服务是重构政治与宗教、宗教与社会关系，以及宗教团体适应和服务社会的最佳途径（刘继同，2012）。还有学者从主体性角度阐释了宗教开展公益事业的必要性（何建明，2008：100），并认为在"非物质性捐献"或"非物质性的公益事业"方面有宗教背景的公益事业及其组织扮演着无法替代的角色（陶飞亚，2008：56）。

这一视角在宗教慈善研究之初占主流地位，这与宗教的处境不无关系。但随着国家对宗教逐步采取开放的态度，围绕这一视角的论证已成共识，因此学者逐渐将关注重点投入到对现状的描述和治理倡导方面。

2. 宗教慈善现状

"现状"视角，主要包括对慈善活动形式、资金来源、发展现状的描述与总结。从活动形式上看，宗教界开展的公益慈善活动主要表现为为特定公益慈善项目开展捐赠或响应政府号召进行捐助活动，这是最常见和最普遍的活动方式，具体包括设立安老机构、幼儿园等机构；开展扶贫济困、社区服务、助学、心灵慰藉、植树造林等公益慈善活动；参与修路筑桥、开发水利、打井建窖、发展沼气、对口援助等促进地方社会经济发展的公益活动（张志鹏，2012）。李向平（2012：26-30）进一步把中国宗教及其慈善事业所建构的社会救助模式分为四种：救助式社会救助、指令式社会救助、交换式社会救助和特殊式社会救助。

从资金来源上看，公益慈善的资金来源主要有以下几种渠道：一是来自信徒的捐献，这是宗教组织经济收入的重要组成部分；二是来自房屋和土地的租金收入，这是宗教组织最稳定和最主要的日常收入来源；三是宗教团体和宗教活动场所兴办慈善福利事业的收费和有偿服务收入，例如创办学校的学费收入，医院的医药费收入，杂志出版物的销售收入和香火收入等；四是来自境外宗教组织和个人的宗教性捐赠（杨光，2010）。

纵观该领域的整体发展，学者普遍认为宗教慈善的发展水平较低，他们主要从政策、组织制度、资金监督、专业化等角度进行了解读。如刘继同（2008：132-137）认为宗教慈善公益服务的发展时间较短，各地发展不平衡，基本处于自发自愿的初创阶段，国家有关政策的支持力度和制度环境尚待改善，各地宗教慈善公益服务的价值目标、价值理念充满浓郁色彩的宗教信仰和宗教观念，工作人员普遍具有宗教信仰背景但缺乏社会服务方面的专业训练，服务范围与服务内容广泛多样，资金以境外和信徒个人捐赠为主，资金来源的本土化、政府化、社会化程度较低。组织建设方面，在我国现行法律政策框架下，宗教慈善组织还不能建立独立的法人机构，因此难以有效地开展各种社会慈善公益事业。在宗教慈善资金管理方面缺乏有效的管理机制和相应的监督机制，宗教资金管理领域还缺乏操作层面的制度保障。宗教界开展的慈善公益事业与近年来大量涌现的企业界和慈善家所参与的慈善事业相比，创新与发展还不够，对慈善资源的开发和利用仍显不足，也未完成自身理论体系的理性创新发展。另外，缺乏从事慈善公益事业的专业人才，这是阻碍中国宗教慈善公益事业发展的瓶颈（Weller 等，2011: 12-15）。宗教慈善组织的身份认同和管理问题是宗教慈善事业面临的两个"中国式困境"（郑筱筠，2012: 52-58）。对于这众多不足之处，有学者指出，最核心的问题依然是制度性隔阂，即原有的宗教管理制度和慈善事业管理制度无法适应新形势的要求，阻隔了宗教慈善资源与社会慈善需求之间的联系，抑制了慈善资源的流动和高效配置。具体来看，主要有两方面的制度性隔阂：一是在法律上许多宗教团体缺乏从事慈善活动的合法身份，二是在政策上宗教团体难以享受与社会慈善组织同等的待遇（张志鹏，2013）。国家宗教局研究中心研究人员董栋（2012: 49-50）也有类似论述，他认为注册问题是困扰宗教界开展公益慈善事业的一个主要问题，与此息息相关的"政策优惠"问题也阻碍着宗教界公益事业的发展。另外，亦有学者将宗教慈善与社会工作结合起来，希望以此提高其专业性。如晏可加（2007: 12）认为，宗教界的社会服务与专业化社会工作是两条平行的轨道，各自发挥作用而缺乏结合。

类似的论述还有很多[5]，这里不再一一展开陈述。我们可以初步看出，目前宗教界开展的大部分活动还停留于"慈善"阶段，只有少数进入了"公益"阶段。对此，学者们也纷纷开出锦囊妙方，从"治理"的视角进行阐释。

3. 宗教慈善的治理前景

有学者指出，未来中国宗教与慈善公益的互动，有可能在以下几个维度上有所突破或进展：第一，宗教慈善公益仍然是宗教进入社会公共领域的有效途径，宗教慈善公益事业将得到更好的发展；第二，宗教慈善公益的专业化和社会化程度将得到提升，中国宗教慈善公益活动的管理和参与也将日趋专业化；第三，中国宗教慈善公益活动将会进行有机的整合，从各自分散性的慈善公益活动逐步发展为联合性、整体性的宗教慈善公益活动，从而更有

---

5 如张弩，《我国宗教界开展公益慈善活动的回顾与展望》，《中国宗教》2011 第 4 期，第 11-17 页；安伦，《中国宗教慈善的问题与思考》，宗教与慈善国际学术研讨会论文集，2012；雷丽华、谢荣谦，《我国宗教界开展公益慈善事业现状思考》，宗教与慈善国际学术研讨会论文集，2012。

力地展示宗教慈善公益活动的社会贡献（Weller 等，2011：12-15）。刘继同（2008：147）提出了国际性慈善公益服务、支援保障性服务、社区综合服务等七大领域，他认为这些是当代中国最需要和最优先开展的宗教慈善公益服务。

综观"功能"、"现状"与"治理"三大视角，我们不难发现，学者的概括总结主要基于宏观层面，但是各类宗教，如佛教、基督教，在具体慈善行为中是否有自己的特色？又会面临怎样不同的情境以及采取何种行动策略？因此，我们有必要把基督教单独提出来考察它的慈善事业开展状况。

二、对基督教慈善研究的梳理

1. 基督教慈善现状

基督教强调"博爱"，博爱具有很强的主体操作性，即开展社会服务。有学者认为，基督教以"爱的精神"和"仆人精神"进入社会公共领域，开展社会服务和社会关怀，有助于融化、消解中国社会对基督宗教的情感冷漠，从而建构一种新型关系，使基督教成为真正的中国宗教（卓新平，2011）。王娜娜（2010：15-16）从外在现实需要和内在意义两方面探讨了基督教开展社会服务的必要性。

基督教开展社会服务的现状大致与整个宗教慈善的发展情况相当，例如从内容上看，现阶段基督教公益事业主要体现在以下几个方面：救灾扶贫，积极参与社会捐赠活动；义诊和医疗咨询服务，开设自闭症儿童疗育中心，兴建医疗设施等；慈幼事业；救助失学儿童，关心社会弱势群体；教科文体；培训事业等。但他也指出，中国宗教团体在宗教戒毒、心理治疗、教育办学和临终关怀等方面要向国外宗教团体借鉴经验（罗玙，2008：162-173）。

教会基于宗教性目的——为了体现基督教的"爱"、"荣神益人"的精神，在当地社会也起到了社会支持、社区照顾和社会控制、社区调解等社会性作用；对于本地或者外地的公益事业、天灾人祸，它们也会时常尽力以各种形式进行捐助。但从现状来看，由于教会更注重属灵宗教性方面的工作，其社会性功能在很大程度上仅是作为教会宗教性表达"副产品"的自然呈现。所以，既然教会宗教性公共产品的服务对象是本堂信徒群体，那么其功能社会性影响也理所当然偏重于信徒内部互益性功能的发挥……教会对外的公益性互动则更多表现的是被动、客串和无计划的特征……教会的社会性功能表现为一种内强外弱的特征，在对外社会性功能的发挥方面，教会组织呈现出"公益性不足"的特征（李峰，2004：212-213）。

2. 对基督教慈善的个案研究

学者亦对部分基督教社会服务活动或基督教背景的非政府组织进行了较为深入的个案研究，集中体现在陈建明及其学术团队对四川泸州教会的考察和部分学者对爱德基金会以及各地基督教青年会的探讨。

陈建明及其学术团队从 2006 年开始对四川泸州教会进行了长期跟踪研究。该团队以泸州教会的社会服务为例，提出了"教会公共关系"一说。通过对泸州教会与当地政府管理部门、所在社区、捐赠者关系的分析，他们认为教会能够利用公共关系建立和维持教会与公众之间互利互惠的关系，而一个教会的生存与发展取决于这些公众。对教会的公共关系可以进一步阐释为：教会作为一种社会团体，需要通过公共关系，与公立的和私人的组织机构沟通，试图赢得与它们有关的人们的理解、同情和支持——借助对舆论的估价，尽可能协调自己的制度和做法，依靠有计划的、广泛的信息传播，赢得更有效的合作，更好地实现教会团体与公众的共同利益。作者也指出，信仰的超越性是教会开展社会服务事工区别于一般世俗组织的一个根本区别（陈建明等，2009：139-145）。程洪猛（2009：186-191）以"社会资本"概念为切入点，分析了现阶段泸州教会的社会资本的特点，从而管窥中国宗教组织普遍的特点。2010 年 10 月到 2011 年 4 月，陈建明（2011：118-123）对泸州教会社会服务的最新进展情况进行了跟踪描述，分析其取得成功的原因，他认为开展社会服务需要神学理论的支撑，不以扩大信徒数量为直接目的，需要资金保障，宗教团体的社会服务应重在质量，需要法律、法规与政策的保障。陈建明（2011：145-151）又以泸州市基督教社会服务中的医疗卫生服务为例，重点研究了福音医院的开业和经营状况，他认为泸州教会医疗事业取得成绩的原因包括政府管理部门和四川省基督教三自爱国运动委员会的支持，充实的资金保障，医护人员对医疗服务理念的认同，民众对福音医院的认可，妥善处理社会服务与传教的关系，合理的管理机制等。

有学者对爱德基金会的早年岁月进行了回顾，重点分析了爱德得以成立的中国社会大背景，中国基督教领袖，特别是丁光训主教以及韩文藻先生对成立爱德基金会做出的决议，海外教会机构对此的回应，早期的项目方案，以及中国及海外对社会发展所持观点上的差异（Philip Wickeri, 2012）。曹飞廉等人（2010：119-135）以爱德基金会和上海基督教青年会为个案，考察了基督教社会服务组织与公民社会的关系。他们研究发现，此类具有信仰基础的社会服务组织提供的社会服务，产生了积极的社会效应，满足了巨大的社会需求，在推动公民社会的发育过程中扮演了一个重要的角色。作者还界定了不同于西方国家的民间组织在转型期的中国的运作模式，即一种"非抗争性的合作模式"（或称"伙伴关系模式"）。还有学者以爱德基金会与江苏省基督教两会合作成立的"江苏基督教爱心公益基金"为例，探寻了一种将宗教慈善资源与公益组织整合的新模式。作者认为，该基金的主要优势在于整合了教会所掌握的慈善资源优势与爱德基金会的专业慈善管理和运营能力，既避免了教会因缺乏慈善专业能力而无法利用资源的劣势，又克服了基金会缺乏联系广大信教群众的不足。这种合作模式是一种非常有效的双赢合作，形成了一个制度化的、专业化的和可持续发展的宗教慈善活动。

基督教青年会也是学者关注的宗教慈善组织代表之一。如有学者以上海基督教青年会为个案探讨了宗教性非营利组织的身份建构问题（黄海波，2007）。相关研究还可见于左芙蓉、侯杰等人的探讨。[6]

此外，还有学者将宗教慈善视为一种分析工具，从社会结构的要素讨论权力、教会与社会、个人与国家等层面之间的复杂关系。魏德东（2008：306-319）通过宗教公益事业阐述了教会的世俗化与社会的神圣化这两条路径。他认为，一方面，在宗教公益事业中，所有的宗教团体都采用了现代的官僚体制，公益事业还给教会带来了"会员制"和"宗教产品的标准化"的变化，此为公益事业中教会的世俗化；另一方面，宗教公益事业的发展又促进了社会的神圣化，即社会逐渐接受宗教为一种正面的社会元素，并给予一定的发展空间，让宗教发挥作用，以提高社会的道德与文明水准。李向平（2010：26-30）引用"社会建设"这一概念，把宗教的社会服务模式视为一种"社会建设的行动单位"，即把财物的捐助行动与社会的重建整合起来，建构一种新的慈善理念——"社会慈善"。李教授认为这种社会慈善模式，整合了人力慈善、财物慈善等内容，同时致力于建构一种社会组织或个人之间的直接

---

6 左芙蓉，《非政府组织与社会服务——以中国基督教女青年会为例》，《华东理工大学学报（社会科学版）》2006年第3期；侯杰、王文斌，《基督宗教与近代中国的社会和谐——以中华基督教青年会为例》，《史林》2007年第4期；左芙蓉，《中国基督教女青年会与当代公益事业》，引自张士江、魏德东主编，《中国宗教公益事业的回顾与展望》，宗教文化出版社，2008年。

交往，致力于促进信仰、宗教与中国社会以及其他社会组织、文化－信仰体系之间的相互理解，进而建构为一种彼此认同、信仰互动的社会重建机制。

三、资源动员理论及其在慈善领域的应用研究

1. 资源动员理论意涵

（1）理论的起点：从资源分析开始

资源动员理论（Resource Mobilization Theory），作为社会运动研究的范式之一[7]，兴起于 20 世纪 70 年代。该理论主要是对 20 世纪 60 年代在美国涌现的大量社会运动（如公民权运动、黑人运动、新左派运动、反越战运动、女权运动、同性恋运动、环境运动等）的反思和总结（石大建等，2009：23）。区别于以往的认为剥夺感和不满等非理性因素是集体行动产生和发展动因的假设，资源动员理论认为社会紧张与结构冲突是普遍存在的现象，其并不足以解释集体行动的产生和发展。该理论代表人物麦卡锡（McCarthy）和扎尔德（Zald）先后于 1973 年和 1977 年发表了两篇论文《社会运动在美国的发展趋势：专业化与资源动员》和《资源动员与社会运动：一个不完全的理论》。在这两篇论文中，他们阐述道社会运动在 1960 年代的美国的增多并不是因为社会矛盾加大或者人们相对剥夺感或怨恨感的增加，而是因为社会上可供社会运动发起者和参与者利用的资源大大增加了，社会运动是人们对资源动员理性选择的结果。因此，持资源动员理论范式的学者更关心潜藏于个人心中的"不满"是怎样转化成社会运动这样一种大规模的集体行动的问题，在他们看来，这需要一个"资源交换与动员"的过程（王瑾，2006：49）。这里的资源概念范围较广，既包含有形的资金、场所、设施、成员，也包括无形的意识形态、领袖气质、组织技巧、合法性支持等。

总体而言，资源动员理论将社会运动理解为一种理性的组织化行动，它不解答"为什么"（why）会发生社会运动，而更为关心"如何"（how）发生的问题，即社会运动组织如何运作？领导者如何动员潜在的参与者？如何

---

7 学者冯仕政对西方社会运动理论研究有系统清晰的梳理，详见其著作《西方社会运动理论研究》，中国人民大学出版社，2013。相近的研究成果还可见于王瑾，《西方社会运动研究理论述评》，《国外社会科学》2006 年第 2 期；陈刚华，《制度化、全球化及非抗争化——社会运动未来之路》，《湖北社会科学》2009 年第 12 期；冯建华、周林刚，《西方集体行动理论的四种取向》，《国外社会科学》2008 年第 4 期。

获取如金钱、大众支持、媒体关注等资源？资源动员理论主要强调资源本身，认为资源总量的大小及其组织化程度是决定一项运动成败的关键，资源总量越大、资源组织化程度越高，成功的可能性越大。

那么置于本研究，我们需要关注的是：第一，教会开展慈善事业过程中，它有哪些资源？第二，教会通过哪些机制将这些资源调动整合起来从而实现其慈善目标？资源整合过程中是否会出现矛盾、冲突，这样的矛盾冲突能否反映出教会与社会、信徒与非信徒的关系？

（2）理论的发展：引入政治机遇结构

资源动员理论不是一成不变的，随着社会运动的发展，特别是面对更加政治化的社会运动，理论家们开始关注除了资源以外的影响社会运动产生的因素。例如梯利在其《从资源动员到革命》一书中提出了政体模型和动员模型。围绕动员模型他继承了早期资源动员理论的观点，即认为资源总量以及其转化能力影响着社会运动的形成。除此以外，他还认为一些政治性因素也会影响集体行动的形成。这里，就出现了"政治机遇结构"（Political Opportunity Structure）这个概念。政治机遇结构指的是政治体制的开放性或压制性，即各种促进或阻碍某一政治行动者之集体行动的政权和制度的特征，以及这些特征之种种变化（查尔斯·蒂利，2010：62）。政治机遇结构到底应该被看作是资源动员理论的延伸发展还是应该被单独看作社会运动研究的另一视角——政治过程理论的一部分[8]，是一个有争议的问题。在本研究中，笔者视之为资源动员理论的延续。

比较过往可以发现，国家对于宗教，尤其对基督教的态度发生了重大的变化，从"鸦片论"、"多一个基督徒，少一个中国人"到今天的"多一个基督徒，多一个五好公民"，我们不得不承认，基督教的发展深受主流话语的影响。同时，教会开展慈善事业的可能性也在发生着改变。前文中我们已经提到，中国进入后总体社会以来，国家让渡了部分公共建设的权力，鼓励更多的社会团体参与到社会建设中来，基督教教会，作为社会团体的一种，自然也能分享到这样的机遇。但其特殊的宗教特征是否会影响到其慈善资源的动员能力，这也是本研究需要关注的问题。

---

8 冯仕政在对西方社会运动理论的研究中认为，美国社会运动研究的三大基本理论视角是资源动员论、政治过程论和框架建构论，详见冯仕政，《西方社会运动理论研究》，中国人民大学出版社，2013，第4页。

（3）框架建构：文化心理的重拾

资源动员理论是从批判以关注怨愤等心理因素为重点的集体行为理论而开始的，心理、文化变量不被资源动员理论视作考察社会运动的关键因素。鉴于此，有批评者认为资源动员理论过分夸大了审慎的策略性决策在社会运动中的中心地位，而贬低了运动政治中存在着的偶然性、情感性、可塑性和互动性等因素的重要性（道格·麦克亚当等，2006：20）。因此，一些学者开始利用社会心理和文化的研究视角，为社会运动研究增添了新的分析要素：社会行动者如何形成他们的要求？如何构造他们的对手以及他们的认同的？这种构造（framing）不仅仅是先期存在的一大批要求的表达，更是一种积极的、创造性的和建构的过程（道格·麦克亚当等，2006：20）。这一视角成为研究社会运动而又区别于资源动员理论和政治过程理论的新的补充。

框架这个概念最早来自于美国社会心理学家戈夫曼1974年出版的《框架分析》一书，指的是使个体能够定位、感知、识别和标记在生活空间和更广泛的世界中所发生的事件的理解图式，它赋予事件和事情以意义，从而发挥着将体验组织化并引领行动的功能（冯仕政，2013：209）。在社会运动研究中，斯诺及其合作者发现，存在着一个特殊种类的与集体行动有关的认知理解——行动框架……"框架"被定义为"解释图式"，它能够通过人们目前或过去的环境，有选择地强调和解析目标、形势、事件、经验和行动序列，来简化和浓缩"那个社会"（谢岳，2010：85）。"框架建构"（framing）一词系"框架"（frame）一词的动名词，表示用一个概念框架去塑造和建构人们对社会现实的解读这样一种行为和过程。

因此，如果说资源动员理论和政治过程论比较看重社会运动中的客观层面的话，那么框架建构论则把注意力投向主观层面，该流派的拥护者强调"意义工作"，即强调观念和意义在动员过程中所起的作用。

虽然框架建构论发展至今仍然"充斥着一个个琐碎而孤立的概念"（冯仕政，2013：254），但该视角对本研究的启发在于提醒笔者在考察教会资源动员过程中注意文化心理因素的作用。尤其对于凝聚力强的教会组织而言，它是否运用象征符号构成行动的意义框架从而实现资源动员的目标，这也是本研究需要关注的内容之一。

表1-1大致归纳了社会运动理论的不同研究视角。

表 1-1 社会动员理论研究视角

视 角	宗 旨
资源动员	强调资源及资源的整合能力
政治过程	考虑了外部因素（政治透明度、政策力量等）
框架建构	融入心理、文化因素

2. 资源动员理论的本土化应用

资源动员理论被介绍引进至国内也就是近些年的事，除了更全面、深入的介绍国外资源动员理论的最新发展趋势外，近来也有学者开始借用这样的理论视角对一些集体行动进行研究，并且随着对动员微观机制的重视，资源动员理论还被进一步应用于组织、网络等研究领域。

例如围绕传统的集体行动方面，甘满堂等人（2010：58-65）以资源动员理论为分析起点，对东南沿海农村抗争性集体行动提出了一种解释框架，他们发现传统社区乡族文化再利用是当前农村抗争性集体行动的重要资源。周娟（2010：41-47）通过对厦门 PX 事件的调查和数据分析探讨了在中国人们参加环保运动的动机以及人们在环保运动参与程度上存在差异的原因，从而论证了资源动员理论的动机问题。高恩新（2010：93-99）以一起环境维权案例为分析对象，论证了关系网络动员在当代中国农村集体维权事件中的作用。此外，也有学者对"救援"过程深感兴趣，例如李紫瑶（2011：87-91）以政府体系为核心，对社会救援资源动员机制的内涵作了分析，厘清了构建动员机制框架的基本结构和运作机制。

随着网络的普及，人们开始利用网络作为呼吁援助和组织救援的工具，因此，有学者借助资源动员理论，通过剖析一个网络救助案例，揭示了网络动员的结构和模式以及相对于传统救助动员的优势和缺陷（章友德等，2007：70-91）。同样的，黄平（2011：52-66）也将网络视为一种资源动员的手段，分析了宗教非政府行为主体与国际关系之间的互动关系。

3. 资源动员理论在慈善领域的应用

从一般意义上来说，慈善事业的开展过程也是慈善资源动员的过程。以慈善劝募为例，即相关部门、组织或个人基于慈善活动的宗旨和救助的目标，向政府、企业、市民或基金会等客体呼吁并募集资金、物资或劳务的行动或过程。因此，越来越多的学者开始注意从资源动员的视角来考察慈善事业。

朱力等人（2012：62-69）重点分析了社会中各类慈善公益主体是如何运用一系列动员知识与技术影响个体，形成共同意识并做出慈善公益行动的选择。具体的，他们的研究发现，我国慈善事业中来自民间社会的捐赠款物逐年增多，但与发达国家或其他发展中国家相比公益慈善捐赠水平仍然偏低，慈善资源动员的行政依附性明显；从组织角度来看，合法性、信任度和资源网是慈善资源动员机制的三大要素，且这三大因素之间构成了一种循环交互加强的关系；我国现代慈善资源动员生态形成了官办与民办两极化发展的态势，如何形成慈善资源动员的有序竞争生态，保障各类慈善组织拥有平等动员机会是当前我国慈善事业发展体制改革的关键。

龙永红（2011：80-87）首先肯定地将慈善组织视为社会运动组织的一种，即共意性社会运动（consensus movement）组织，他认为慈善公益组织行为是改良性社会运动行为，具有非政治性、教育性和人道主义的特点。随后，他以两个慈善总会为案例，具体探讨了官办慈善组织的资源动员情况，研究发现，官办慈善组织的资源动员逻辑主要表现为依赖国家政治结构中的合法性资源，在动员技术上注重行政组织的网络化动员和符号价值动员，但官办慈善组织资源动员行动因单向流动式和意识形态性强等原因，不能获得广泛的社会信任，不利于形成平等公正的慈善资源动员生态。他认为官办慈善组织打破现有体制约束、实现市场化转型，是创新慈善事业发展的必要途径。

王国伟（2010：94-99）以城市社区中的 H 俱乐部为例，考察了在政府职能缺位和社区公共服务资源供给不足的背景下，以社区精英为主的社区民间组织如何通过策略性实践，成功从政府、社区物业和医疗部门获得社区居民所需的公共服务资源。通过对这个资源动员过程的考察，研究者发现，资源动员的知识、技术，动员者的特定身份和人生经历共同决定了行动者的资源动员能力。

此外，有学者综合运用资源动员理论和社会网络理论揭示了网络草根组织的动员模式（张志祥，2009）。还有一些研究虽然没有明确指出资源动员与慈善的关系，但在其行文论证过程中都涉及该主题，如有学者以温州绿眼睛环保组织为例考察了非营利组织与其外部环境的互动关系，她重点考察了绿眼睛这样一家非盈利组织在与政府、媒体、社会公众互动中如何获得或交换资源的过程（周爱萍，2011）。当然，还有很多学者把资源主要限定为资金资源，因而多从筹款的角度考察慈善组织的动员能力，具体的研究成果这里不再一一赘述。

除了以上偏重"社会"维度的研究外，国家这一角色的行动力量在公益慈善资源动员中所起的作用也引起了学者的关注。刘威（2010：86-92）在对慈善资源动员的研究中强调国家责任，他关注国家如何通过其政策及其与社会集团模式化的关系来影响政治和社会运动，他发现，转型时期的慈善公益参与仍然具有很强的革命时期形成的国家动员、群众参与的传统烙印。刘威（2010：53-60）还从权力建构的角度考察了慈善资源动员过程中展现出来的权力的实践形态，他认为国家动员下的公众慈善参与可以划分为身体表演型参与、依附回报型参与和自愿响应型参与三种类型，他进一步呼吁政府部门自觉树立公益活动领域的权力边界意识，使公共权力"驾行于制度供给领地而止步于私人道德门槛"，从而避免重蹈过去慈善捐赠行动偏向政府动员一端的单纯形式主义覆辙。

在以宗教组织慈善事业与资源动员为主题的研究方面，余丹茜（2010：42-44）以浙江天台县三井庙的重建事件为例，展示了一个自发性宗教组织资源动员的图景。在以慈济功德会为对象的研究中，有学者从社会资本、集体行动等视角进行了深入探讨，这部分研究主要集中于台湾地区。

四、已有文献对本研究的启发

1. 研究启发

通过对已有的宗教（基督教）慈善研究的梳理，我们可以对目前基督教慈善的全局有一个基础性的了解，包括它的现状、不足以及可能的走向。在此基础上，笔者尝试选取某一地区的基督教会作为个案进行研究，借助资源的视角，对基督教慈善做更加深入的剖析。

在资源动员理论与慈善研究的适切性方面，我们不得不思考的一个问题是，资源动员理论能否解释慈善公益行为？从定义上看，社会运动是指许多人参加的、组织程度高的、寻求或反对社会变革的制度外抗争行动（赵鼎新，2012：2-3），因此，这样的社会运动常常与"抗争"、"暴力"、"反抗"、"冲突"等概念联系在一起，而慈善公益行为，作为一种为大众普遍接受的、温和的集体行动，能否用资源动员理论来考察呢？答案是肯定的。一方面，有学者，如龙永红教授指出慈善可以视作共意性社会运动[9]，在本研究中，慈善事业既可以视作教会组织与信徒的共意，信徒与信徒的共意，甚至还可能包括教会与政府的共意，因此，资源动员同时也是共意的动员，共意的目标达成了，资源动员便成功了。另一方面，回顾资源动员理论的本土化应用成果，我们发现，已经有不少学者开始尝试跳出社会运动的研究范畴，将视野进一步扩大到组织、慈善这样新的主题，这些研究也为本书的理论应用提供了支持意义。

与其他研究不同的是，本研究以资源动员为主要理论视角，但不囿于资源或资源动员本身，笔者还希望借助探讨社会运动的其他理论范式，如框架建构论，详细考察教会动员慈善资源的过程以及动员的结果，由此进一步窥视教会与社会的关系。笔者希望本研究既能借鉴西方社会理论的学术成果，又可以深入中国社会的实践中，理解中国情境下的基督教发展。

2. 已有研究的不足

前面我们分析到，围绕宗教（基督教）慈善，学者们经历了两个范式阶段。第一个范式是"功能论"的视角，即通过慈善论证宗教的正功能，这与宗教发展阶段是密切相关的。而在宗教慈善作用已经不证自明的情况下，学者开始转向第二个范式，即对宗教慈善状况的描述，大致得出宗教慈善有发展，但面临瓶颈，造成该瓶颈的原因有政策限制等制度因素，也有宗教团体自身的专业技能缺乏等原因，基于这样的研究发现，学者们进一步提出了治理方案。这一范式总体呈现"一般性现状调查、彰显成绩、分析存在问题并在此基础上提出对策建议"（黄海波，2007：13）的模式。但是，如果我们再做进一步思考就会发现，这其中至少包含一个难以解释的问题：如果说全国的宗教政策是一致的，那么为什么有的地区宗教慈善发展快而有的地区则相对落后，这中间涉及哪些影响因素？由此，我们可以初步想到，政策、专业技能等因素并不能完全解释清楚宗教慈善现象，因为，在目前的已有研究中，"宗教组织"作为一个行动主体被遗忘了。

---

9 社会运动可分为"冲突性运动"和"共意性运动"，冲突性动员是指那些试图改变社会结构、更改通行的基本政策或打破群体之间权力平衡的过程中，遭到有组织反对的社会动员，而共意性运动是享有最广泛的态度上的支持，且没有或很少遭到组织反对的社会动员，引自艾尔东·莫里斯、卡洛尔·缪勒，2002，231-232。因此，我们可以将慈善公益行动视作共意性运动的一种。

针对这种侧重宏观叙事，而在微观层面分析不多的研究现状，笔者试图研究一个基层教会在争取、动员各方资源以及在与其他主体（如政府、公众）互动过程中的实践逻辑，希望通过对生动、复杂的经验事实的考察与分析，不仅为宗教慈善领域提供新的研究角度，同时进一步拓展该领域的研究深度。

因此，本研究拟从以下几个方面努力：基督教开展慈善有多种形式，有以教会组织为行动主体的，有以基督教背景非政府组织为主体的，还有信徒个人自发形成的。无论哪种主体，目前大部分研究忽略了慈善活动行动主体的主观能动性要素，因此，本研究将以教会为主导力量推动和开展的慈善活动作为研究对象，希望以自下而上、从里向外的视角来加深对基督教慈善的研究深度。

此外，作为一项"社会事实"，为了更好地理解行动主体所发挥的积极作用，本研究试图采用资源动员理论为考察视角，进一步分析教会在复杂制度环境下的行动逻辑。希望在前人研究的基础上，本研究最终能够将视角由面到点，由宽转窄，由宏观到微观，步步深入。

表1-2为本研究与既有研究的对话点和创新处的小结。

表1-2　本书与既有研究的对话点和创新

既有研究	对话点	创 新
中国基督教研究	教会与社会、政府，信徒与非信徒的互动与关系	从慈善视角看教会的行动逻辑以此考察基督教在中国的生存状况
基督教慈善研究	慈善现状、不足、改善方式	通过具体个案深入剖析基督教慈善事业的运行逻辑
资源动员理论	核心概念如资源构成、动员手段、框架动员、政治机遇结构等	将资源动员理论与慈善公益事业相结合，拓展资源动员理论的研究领域

第四节　研究思路与研究方法

一、分析框架

罗伯兹（2007：49）在《宗教研究的科学视角》一文中提出，当我们以社会学的进路研究宗教时，焦点集中于宗教群体和组织（如它们的形成、发展和灭亡）、群体中的个体行为（即影响皈信、仪式、转会的社会因素）、宗教群体间的冲突（例如天主教和基督教、基督徒和穆斯林、主流教派和膜拜群体）。此外，中国宗教社会学的研究首先是要研究宗教所镶嵌在其中的社会关系和政教关系，以能深入中国宗教、信仰的内在脉络（李向平等，2006：88-89）。

　　本研究便是以社会学的视角来考察当今中国的基督教，即把基督教置于国家和社会的关系框架中，更多地关注基督教的社会性。但同时，所谓"大处着眼，小处着手"，尤其基督教研究在中国仍是"十分困难甚至敏感的禁区"（刘澎，2008），本研究希望以慈善为切入口来回答这一问题，即希望通过研究基督教慈善为我们理解教会的处境提供一面透镜。

　　而这又将遇到另一个问题，已经有学者对基督教慈善进行了研究，那么本研究围绕什么视角来研究基督教慈善呢？实际上，慈善公益活动是一个关涉资源及资源动员的行动，因此，本研究借用资源动员理论的概念和主要分析框架，如资源构成、动员手法、政治机遇结构等概念来分析 K 市基督教慈善公益现状，进而探讨基督教慈善公益模式的变化以及教会—基层政府的互动关系。

　　因此，本研究伴随以下几个问题而展开：

　　（1）宗教界开展慈善、公益事业是被政界、学界所推动的，但以目前的经验观察来看，各大宗教开展慈善、公益事业呈现发展状况不一的局面。就基督教内部而言，也同样存在区域性的不平衡现象。那么，在大致相当的外部环境下，到底是什么原因影响了基督教教会开展慈善、公益活动呢？

　　（2）目前学界关于基督教慈善的研究主要包括功能论和现状描述两大视角，相对缺乏从教会内部透视慈善、公益活动的研究尝试。慈善公益，作为与资源密切相关的行动，如果本研究从资源及资源动员的角度来分析，是否能够探究出教会开展慈善、公益行动背后的逻辑？

　　（3）中国进入后总体社会以来，国家让渡部分公共建设的权力，鼓励更多的社会团体参与到社会建设中来。基督教教会，作为社会团体的一种，自然应当抓住这样的机遇，在政教分离、宗教信仰自由的大前提下进行实质性的参与。那么，慈善、公益，作为基督教进入公共建设领域的最有效、最适合的表现方式，在开展过程中会遭遇哪些困难，信徒与非信徒、教会组织与信徒个人、教会与政府又会呈现怎样的互动格局与利益纠葛？

　　要想回答以上三个问题，我们需要进一步细化，具体分解为以下几个问题。

　　（1）基督教慈善事业的资源构成如何？除了比较显而易见的资金资源、人力资源，有没有其他资源在慈善动员中同样起到重要的作用？

　　（2）慈善资源是如何被调动起来的？特别是，与其他资源动员相比，基督教作为一个教会组织，对其信仰共同体内的成员进行慈善动员时，除了组织化等常见动员方式外，信仰、心理等文化影响是否对其成员产生作用？外部的政治机遇结构对教会开展慈善动员又有无影响？

　　（3）动员产生了哪些慈善成果？基督教开展慈善事业与过去相比发生了哪些变化？这些变化与资源及其动员的关系如何？

　　（4）通过对慈善资源动员过程及结果的考察可以反映出教会作为信仰共同体参与社会建设的空间有多大？教会与基层政府的互动关系如何？

　　笔者希望通过 K 市的案例回答上面四个问题，并对中国其他地区基督教会的发展提供一定的启发作用。

　　本研究的分析框架详见图 1-1。

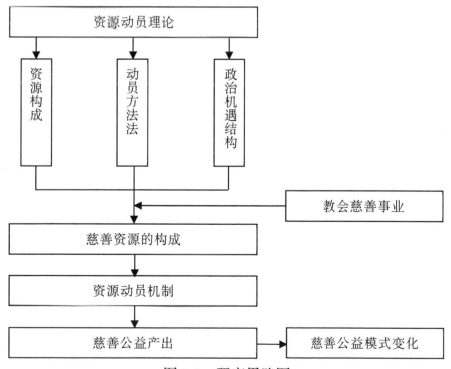

图 1-1　研究思路图

　　具体的，本文的主要分析思路是：首先，从 K 市的经济、政治以及其他宗教信仰的发展等外部环境勾勒出基督教在当地的生存场景，因为不同开放程度的环境，慈善状况也会不同；其次，描述 K 市教会的资源现状，有了这些资源后，笔者着重分析资源转化的过程；最后，借助 K 市基督教慈善事业中的主要成果，尤其是三种新型公益活动，天使乐队、迦南书画院和姐妹心语室，具体考察不同的资源是如何在慈善领域中被调动组织起来的，从而归纳出基督教慈善公益模式的变化进而折射出教会与基层政府的互动关系。

二、本书结构

　　根据上述思路和框架，本书各章所要处理的具体问题如下：

　　第一章为导论部分，包括研究背景的介绍，主要概念的界定，文献回顾和研究设计。文献回顾方面，笔者着重对与本研究有关的三个话题：宗教慈善、基督教慈善以及慈善与资源动员研究进行了梳理，通过这样的整理，笔者对该领域的研究现状有了一个初步的把握，这些成果也可以作为本研究个案分析的参考依据。研究设计方面，笔者具体说明了研究目的和问题、分析框架、章节安排、研究方法以及学术创新与意义。

　　第二章到第五章为本书的核心部分，它们主要是基于笔者在田野调查点获得的资料，对教会组织的外部场景、教会资源、资源动员过程、慈善结果以及由此反映出的慈善模式的变化和政教关系在基层的反映等内容进行了分析。具体而言：

　　第二章，"资源构成分析"首先简单交代了教会所处的 K 市的社会经济文化环境，并梳理了基督教的发展特点。通过这两个方面的描述，笔者试图勾勒出基督教会在当地的生态环境以及今昔变化，从而为教会的资源获得和动员情况做一铺垫。然后笔者重点描述了教会的资源构成，分别从人力、资金和关系三个方面来考察教会所拥有的资源，这些资源既包括神圣性资源，也有世俗性资源；既有配置性资源，也有权威性资源。这些资源不仅是教会维持日常运行及发展所必需的，也是教会开展慈善动员的基础。但是，这些资源并不是静止不动的，它们需要教会通过一定的机制进行动员与整合，由此引出了下一章内容。

　　第三章，"慈善资源动员机制"归纳出教会主要通过四种机制将这些资源整合起来，分别是神圣动员、框架动员、组织动员和外部动员。如果说神圣动员和框架动员是共识动员的话，那么组织动员和外部动员则为行动动员。换言之，第二章主要讨论"为什么做，谁来做"的问题，而第三章则是回答"怎么做"的问题。

第四章，"资源动员产出：基于三个公益案例的比较"首先描述了 K 市教会的慈善公益产出，随后讲述了三个新型公益产品。通过分析我们发现，这三个新型公益产品有的较为成功，有的正处于瓶颈状态，其发展现状直接与资源及整合能力有关。

第五章，"慈善模式转变与政教关系在基层的反映"主要在前面三章的基础上试图归纳出两个问题：第一，基督教开展慈善公益活动的模式转变，这种转变与资源及资源动员的内在关系；第二，通过对基督教慈善公益事业的考察可以反映出教会组织与基层政府的互动关系为何。

第六章是本书的结论部分。本章在对前文进行总结的基础上亦对相关问题展开进一步深入的讨论。

三、研究方法

宗教学研究包括神学、人文和社会科学三条路径。如果说神学路径的宗教学是从宗教内部进行逻辑推测和论证，人文路径的宗教学是从哲学、史学、思想史等角度对宗教进行反思和阐释，那么，以社会科学为路径的宗教学则使用实证的方法（包括量化的和质性的研究），收集数据和材料，进行客观的分析和归纳，从而得出科学的理论来解释宗教现象以及宗教与社会其他方面的互动关系（罗德尼·斯达克等，2006：4）。本节主要从社会科学的角度介绍研究方法以及资料收集与处理方法。

如前文所述，在正式开始本研究之前，笔者参与了李向平教授主持的一项关于长三角地区基督教慈善事业的研究。该研究对整个江苏、浙江、上海三省（市）的基督教慈善现状有了一个基本的把握。但是笔者认为还有很多可以进一步深挖的细节，于是开始了本研究的探讨。通过本研究，笔者希望进一步总结出基督教慈善模式的转变及教会与社会关系的变化。显然，这样的研究主题和意义追寻非常适合进行质性研究。

质性研究要求研究者必须在自然的情境中，通过与被研究者密切互动，采用一种或多种资料收集方法，对所研究的社会现象或行为进行全面式的、深入式的理解。因此，本研究将在质性研究方法论的指导下，采用嵌入性单案例研究，通过观察、访谈等方法搜集资料。具体内容如下：

1. 个案的选择

（1）嵌入性单案例研究

学者罗伯特·K·殷（2004: 51）将案例研究设计分为单案例研究设计和多案例研究设计，他认为，对于如下情况：用于对现有理论进行批驳或检验；不常见的、独特的案例；有代表性的或典型性的事件；启示性事件；对同一案例进行纵向比较时，适合用单案例研究。本研究就是采用单案例研究设计，但是在具体分析过程中则包含一个以上的亚单位，即虽然研究对象仅仅涉及K 市教会，但是在具体分析时包括教会组织、信徒群体、信徒个人以及具体的慈善公益活动。

（2）案例的选择

2011 年笔者参与课题"长三角地区基督教社会服务现状调研"。该课题以长江三角洲地区为研究范围，覆盖江苏省、浙江省和上海市三地，主要探讨基督教社会服务现状及问题。笔者具体负责江苏片区的调研与报告撰写工作。调研中，笔者先后走访了爱德基金会、江苏省基督教三自爱国运动委员会和基督教协会、江苏基督教爱心公益基金、5 个市（县）级基督教组织和其下属的 15 个堂点以及两家教会办服务实体。具体访谈内容包括以下几方面：教会（堂、点）的基本情况，如历史、教派背景、信徒、礼拜仪式、教牧人员等；主要开展的社会服务内容、形式、工作流程；慈善资金来源、使用情况、监督方式；教牧人员和信徒对慈善的理念、态度；如何看待基督教慈善与其他宗教慈善的异同；慈善受益人的选择标准，与教会的关系；在这些慈善活动过程中教会与社会、政府的互动交往等。通过访谈，笔者对江苏省基督教社会服务的现状有了基础性的把握。但是随着课题结束，笔者也开始反思整个研究过程：该研究主要是对"面"的把握，即侧重描述基本概况，而缺乏对"点"的深入。因此，笔者希望选取其中的某一个城市为案例做深入探讨，这就促成了本书的设计雏形。

这里有必要交代一下笔者为什么最终在五个调研城市中选择 K 市为研究对象。

初次拜访 K 市基督教教会负责人 W 牧师时，他关于 K 市基督教标识的介绍吸引了笔者。

你看这个十字架，横的是一个长笛，因为我们有一个管乐队，40 人组成，这个管乐队除了为信徒婚丧事务服务外，还会参与社区、市里的文化活动。竖着的是一只毛笔，我们在民政局登记注册了一个民非[10]，迦南书画院，我们希望从文化的角度将基督教的文化和中国传统文化结合起来，让更多的老百姓知道基督教，知道基督教文化。这个书画院做过义卖也举行过书画展，我们义卖的款项也去帮助那些需要的人，因此它既有社会效应又有经济效应，还提升了基督教的形象。这个标志上还有上面的半圈是我们教会的英文名称，下面对应着中文，形成一个圆，代表在主的带领下是合一的。下面还有字母跟我们市有关。同时，S 是红色的，表示宝血，K 的形象是人，表示人走在这条救赎的道路上。所以这个标志既有信仰上的诉求，也有我们教会的特色。（访谈对象 101）

图 1-2　K 市教会标识

---

10 民非，全称为民办非企业单位，指企业事业单位、社会团体和其他社会力量以及公民个人利用非国有资产举办的，从事非营利性社会服务活动的社会组织。

在这番介绍后，笔者不禁对这个教会有强烈的研究欲望，虽然就整个江苏而言，该教会的慈善活动不算最丰富，涉及慈善基金不算最多，但笔者特别关心的是，这样一个将慈善理念与实践方式融入到十字架标识中的教会，它是如何动员、整合各方资源来开展创新之举的呢？

除了以上感性的判断外，从学理的角度看，笔者选择 K 市的理由主要有四：首先，位处江苏南部的 K 市经济基础雄厚，城镇体系完整，社会经济发展水平与历史文化传统相对均衡，是全国发展速度最快、投资环境最佳、经济内在素质最好、社会相对稳定、公民社会有一定发展的地区之一，因此，当地教会可以在一个相对轻松的环境中施展拳脚、开展工作，拥有自己成熟的慈善理念并付诸实践，这是一个相对成熟的适合研究的个案；其次，当地有传统型的村庄（信徒比例百分之五左右，佛耶张力[11]较大），也有信徒达到五分之一的"福音镇"（笔者语），这种既有同质性又有巨大反差的场域必会有丰富的素材可待挖掘；再次，诚如有学者发现的，"教会发展程度如何关键还是取决于教会组织者的能力和见识"（欧阳肃通，2009：286），而根据笔者前期的试调查与访谈也发现，K 市教会的领袖在教会中很受尊敬与爱戴，甚至一度被堂点传道人视为"属灵的父母"，究竟这样的领袖在教会发展中起着怎样的作用，他的克里斯玛气质与法理治理是否兼具，这也是有趣的问题；最后，K 市已开展的慈善活动中，既有传统的慈善活动，如助学、救灾等，也有新型的慈善形式，教会甚至以信仰共同体的名义参与到当地社区建设中，K 市教会是如何做到这些的？笔者希望对此一探究竟。基于以上种种原因，笔者最终选择 K 市为研究对象。

此外，前文在基督教核心概念中提到过，除了三自教会以外，基督教还有一个很大的群体，家庭教会。有学者认为，家庭教会是中国基督教的主要问题（高师宁，2011）。那么，笔者为什么要选择三自这样的"红市"[12]而没

11 张力（tension），指一个宗教群体和"外部"世界之间的区别、分离和对抗程度。（罗德尼·斯达克、罗杰尔·芬克，《信仰的法则——解释宗教之人的方面》，杨凤岗译，中国人民大学出版社，2006 年，第 178 页。）这里主要指佛教盛行的 K 市，有部分居民对基督教有强烈的抵抗情绪及由此带来的对抗行为。

12 学者杨凤岗从合法性的角度提出中国宗教的三色市场，红市、灰市和黑市。红市——合法的宗教组织、信众及活动；灰市——既不合法也不非法，既合法又非法的宗教组织、信众及活动；黑市——政府禁止或取缔的宗教组织、信众及活动。详细内容可参加其文"中国宗教的三色市场"，http://www.sachina.edu.cn/Htmldata/article/2009/01/1750.html。

有关注"灰市"甚至"黑市"呢？这主要基于两方面的原因。首先，部分家庭教会受其教派影响，更加注重个人属灵需求，而对社会福音（Social Gospel）[13]这种关心社会问题的取向则有意忽视；其次，与本研究的核心概念资源动员有关，即使部分家庭教会开展慈善活动，也多以教会内部的肢体互助或与其他地区教会的互动为主，而与政府、与社会大众层面很少进行正面接触，枉谈资源动员一说。笔者在前期的调研走访中也确实看到这样的现状，三自教会，不管其规模多大，都或多或少地开展了慈善活动，而笔者在 K 市附近走访的家庭教会中，只有零星慈善活动，且这些活动完全依赖教会内的资源而受益方也同样局限于教会内部，可以视作私域而缺乏与社会公共层面的互动，这样的现状无法满足本研究的需求。因此，本研究选取 K 市基督教三自爱国运动委员会[14]为最终的研究对象。

具体的，K 市教会主要由 K 市基督教三自爱国运动委员会带领的 10 个堂点组成，受时间、经费、人力所限，本研究一方面注重对教会整体的把握，同时在参与观察宗教仪式以及对信徒的访谈时，则以 KS 堂和 DSH 堂为主，因为这两个教堂分别居于城市与农村，且无论是从人力、资金还是开展活动方面都较其他堂点更为丰富。

2. 资料收集方法

本研究具体采用的研究方法是实地研究，即笔者在一段时间内（2012 年 5 月至 2013 年 7 月）多次进入田野点，具体资料搜集的方法包括参与观察、深入访谈，同时辅以文献资料和调查问卷的形式。

参与观察是田野调查的一种特殊形式，参与观察者在研究的互动情境中扮演不同的角色，一种是以观察者的身份直接对研究情境及其人际互动进行观察并配合进行深度访谈，另一种是以参与者的身份观察，强调研究者通过

---

13 社会福音是近代西方基督教中部分倾向于自由主义神学的思想家提出的神学主张，其注意力集中于现代生活的社团方面，他们认为不能只追求个人得救的福音，而更应该注重传播改造社会的福音，即把《圣经》中所倡导的"爱"、"公正"等理念贯彻于社会生活中，使社会秩序"基督教化"，以及把耶稣的教导运用到社会经济以及人们的生活与工作中。

14 基督教组织一般为"两会"，即基督教三自爱国运动委员会和基督教协会，前者是从行政上保证国家政治要求实现的团体，而后者是为教务活动得以展开而设置的教务委员会，因此他们在功能设置上各有偏重。因为 K 市为县级城市，只有三自爱国运动委员会而无基督教协会。

亲身体验来挖掘资料。本研究中，笔者更偏重第一种形式，即以观察者身份居多，较少地卷入研究情境中。例如，笔者观察了教会日常崇拜仪式、信徒葬礼、乐队出访兄弟教会演出、教会义工进入社区活动等。在每次的观察当下或结束时，以现场笔记或回溯的方式撰写现场记录，尽量减少被观察者的自我防卫。

深入访谈包括非结构式、半结构式和结构式访谈。本研究多以半结构式访谈为主，即事先拟定访谈主题，以一种自然对话的形式引领受访者交谈，在访谈过程中，研究者根据对方的陈述自行决定问题顺序或问题内容的删减补充，使访谈内容更具关联性。而在一些非正式场合，笔者也会采用无结构式的访谈，如车上，餐桌上，根据发言者的内容提出笔者感兴趣的问题，从而对研究主题做进一步的补充。本研究的访谈对象包括市宗教局领导、市基督教三自爱国运动委员会主席、各堂点主任牧师、传道人、义工、普通信徒、无具体宗教信仰的非基督徒、有宗教信仰的非基督徒、教会所在地的社区工作人员等。每次访谈时笔者首先向受访者简略地说明本研究的性质和目的，并征询他们的意愿，因为本研究的主题有关慈善，大家对这样内容的访谈多半展现配合的姿态，但不可否认的，涉及其中有关捐助金额和捐助动机时，个别访谈者略有躲闪之意。访谈时间方面，大部分的访谈持续在一个半小时到两个小时之间，较长的可能达到三个小时。而个别被访者，如教会领袖，各堂点牧长则接受了三次以上的访谈，这些访谈随着内容的深入而增加次数，在一些非正式的场合，笔者也会抓住机会对工作忙碌的他们进行见缝插针式的访谈。

文献资料主要包括 K 市的市志、教会内部文件等。

此外，本研究也将调查问卷的方法应用于小群体内，作辅助之用，即在不追求推广的前提下小范围发放问卷，通过收集的问卷信息，为研究者提供一个总体而又基础的概况，在了解此概况的基础上，研究者设计、修改完善访谈提纲。例如，笔者在教会的天使乐队中发放问卷，通过收集到的资料对乐队成员结构、信徒参与乐队的动机等有一个初步的了解，在此基础上，笔者再对其中的部分成员进行深入访谈。

笔者之所以选用多种策略来搜集资料，一方面确为研究主题资料较难获得，因此客观上需要以多种途径来收集信息，另一方面这也是质性研究中被称为三角交叉的检视法（Triangulation），即通过不同视野与资料的结合来验证信息的准确性。例如，关于教会早期历史，尤其教会当时的处境问题，笔者一方面通过文献检索，同时又辅以年长牧师和信徒的访谈相互佐证。

这里有必要再多介绍一下研究者进入田野的方法。研究者进入田野的方法基本是采用上切入和侧面切入两种方式。所谓上切入就是请笔者熟悉的、与教会领袖关系甚好的第三者为笔者做引荐，获得教会领袖，即"守门员"（陈向明，2000：151）的支持，再请他介绍笔者与各堂点负责人认识，各堂点负责人还可以根据笔者介绍的研究主题以及期望认识的访谈对象条件选择适合的信徒。这种从上切入的方法好处在于效率极高，访谈也比较顺利，但是受访者可能由于上级的这种安排而抱有警惕的态度，为了弥补这种方法的不足，笔者采取了一些措施，一是通过多次交谈，加深相互间的理解，解除受访者可能的顾虑，第二个方法就是采用侧面切入的形式。所谓侧面切入，即笔者多次参与各堂点的活动，在活动中笔者与信徒从陌生到熟悉，然后再邀请信徒作为访谈对象，力求在自然的交谈与诚恳的对话中完成信息的收集工作。此外，笔者还通过自己在 K 市认识的基督徒朋友介绍与推荐符合笔者访谈对象条件的目标人群，这种滚雪球的方式可以弥补第一种从上而下方式的弊处。

以上是本项研究的方法设计，而实际访谈下来，笔者回顾整个过程，自认为比较全面地收集了被访者的真实想法。不可否认，因为信仰是私人的事情，受访者会有搪塞的可能性，但是我们的研究主题，慈善，又是让人愉悦的主题，因此受访者大都愿意讲述自己的想法、做法。但同时，笔者亦遭遇了些许挑战并形成了一些经验，在此简单描述以供其他学人借鉴。

经验教训之一是关于访谈内容的丰富性。在最初的访谈提纲中，笔者把重点放在"奉献"、"慈善精神"、"慈善资源"这些与研究主题最为相关的关键词上面，一轮访谈下来，当笔者试图整理访谈资料并开始着手论文写作的时候发现所了解的内容太过单一。也就是除了有关慈善的内容，对于教会的早期历史，牧长的个人背景，信徒的家庭生活、工作内容、兴趣爱好等几乎一无所知，而这些内容正是深入研究慈善公益的重要的背景知识。于是，笔者不得不再次联系被访者。虽然质性研究中的确需要与被访者进行多次交流，但因为笔者前期考虑欠周而造成的这种反复劳动，却是不应当的。

经验教训之二是访谈环境的重要性。纵然我们在田野中，尤其是面对难得遇见的"大人物"时，需要把握一切机会，但是环境因素仍然是需要考虑的。例如，教会领袖 W 牧师一直是位大忙人，笔者虽然已正式与他交流过两三次，但仍然希望在有限的非正式的碰面场合多多了解情况。有一次，在某堂点的办公室，众牧师都在场的情况下，笔者问了这样一个问题，"牧师，您上次说 1998 年就到 K 市来了，但为什么 2000 年才开始掌事呢？"在笔者抛出这样一个问题后，本来热闹的办公室瞬间安静下来，大家似乎都在等待答案，W 牧师停顿了下，叹了口气，只说了一句话"一言难尽啊。"于是，笔者这才发现，这样的场合（众牧师都在场）非常不适合提出这样的问题，牧师即使有心回答，也不愿意回答。因此，访谈的环境也是研究者需要注意的问题，此乃经验教训二。

对于本研究的推广性问题，或许我们会问：由一个个案可以获得什么样的结论呢？笔者曾经也困惑于这个问题，但是当看到曾经对慈济功德会助人行为有过深入研究的一位台湾学者的说法时，解惑了。他这样说道："只要我们能够对于一个特定个案中所发生的各种现象提供一套因果性的解释，那么我们对于自然情境中的教会慈善行动的特质与模式就已经做了相当的澄清……虽然这样的研究不一定能够得到决定性的结论，但在经验的基础上，对我们所关心的问题将能有更坚实的认识，而这种认识，正是可靠知识累积的一个不可或缺的步骤"（丁仁杰，1999：33）。

3. 资料处理与分析

首先需要说明的是，在本研究中，资料的处理与分析是与资料收集过程同步进行的。之所以选择这么做，是基于两方面的原因。第一，笔者的田野调查并不是集中于某一较长时间段，而是在经历了四五天调查之后便返回学校或家中，这样就让笔者有足够的时间整理、分析资料以及准备下一次田野调查的内容；第二，一边搜集一边分析有助于笔者发现新的研究问题并随之进行调整。

有关资料处理与分析方法，本研究主要采用了电子归档、分类归纳和解释性分析三个步骤。首先，将田野调查中获得的录音或笔记输入电脑，形成电子文档；然后根据不同的主题把获得的资料分组，而分类主题则基于研究设计思路，例如，哪些是有关教会的历史发展信息，哪些是教会的资源信息，哪些是慈善公益产出信息……因此，该方法主要分为三个步骤，首先是通读原始资料，用不同的颜色标识将不同的主题分别标识出来，然后再把这些信息分门别类的拷贝进另一份文档，最后再基于这些已经分类好的信息，试图总结归纳主题词、关键词、分析框架和新的发现等。在这一过程中，我们还可能发现一些"矛盾"的地方，而这正是下一次田野调查中需要解答的新问题。"解释性分析"是在以上分类归纳的基础上，结合本研究的理论框架对获得的资料进行深入分析。如果说"类型分析"侧重于分类、描述"什么"的话，那么"解释性分析"则更注重"为什么"的回答，在此过程中，画图等策略也被应用其中。

第五节　研究价值与现实意义

学者张静（2008：106，109）在其《社会学论文写作指南》一书中提到论文的创新，她认为主要有三个方向：针对资料的创新；针对分析逻辑和方法的创新；针对理论框架的创新，简言之，研究论文可以针对资料事实、方法或理论三者之一，尝试进行补充、修正、批评或评断。根据前面的文献梳理以及本研究的分析框架，笔者希望尤其在研究方法和资料收集两方面有所增进，而在理论框架方面则尝试做一新的努力。

从研究方法来看，本研究希望以实证的研究方法来充实国内基督教社会学研究。大致说来，对宗教的研究有神学、人文和社会科学三条路径（罗德尼·斯达克等，2006：4）。目前学术界从宗教内部进行逻辑推演和论证的神学路径以及从哲学、文学、思想史的角度对宗教进行反思和阐释的人文路径研究比较常见，而以实证的方法（包括量化和质性研究）对宗教，尤其宗教慈善进行探讨的研究则相对有限。当然，这与大陆基督教慈善的发展状况是对应的。本研究希望为国内宗教，尤其基督教开展慈善事业的实证研究添砖加瓦。

资料收集方法，本研究中所采用的观察、访谈是社会学研究的传统资料收集方法，并不为新，但笔者希望在资料收集对象上有所突破。具体的，如前面文献梳理中回顾的，目前有关基督教慈善的研究面临一个共同的问题：对行动主体，即教会和教会中的信徒的忽视，因此呈现出来的研究结论多以他者的眼光来进行论述。本研究希望更多倾听行动主体的心声，从而理解他们的实践逻辑。

理论框架方面，过去大多数研究集中于借助慈善为宗教正名的阶段，笔者认为，我们需要跳出这个框架，以社会学的想象力，将视线进一步放到从慈善的角度考察宗教领域与社会其他领域的互动关系中来。因此，本研究希望从慈善入手，但放眼于教会-社会关系及其实践逻辑。"资源动员理论"正是开启这一视角的有力工具，通过文献综述我们发现，资源动员理论发轫并较多地被应用于社会运动研究领域，也有少数学者开始将此理论拓展到慈善主题，本研究尝试用该理论分析宗教慈善领域，这可以看作是资源动员理论的应用的拓展。无论这一理论框架对问题的分析是否完全有力，笔者愿意做一初步尝试。因此，本研究的研究价值在于以基督教慈善资源的动员方式为主要内容，为宗教慈善研究提供一个新的分析框架。

通过以上三个方面的创新努力，希望本研究能够将关于基督教慈善的研究更加精致化，打破传统的"面"，逐步向"点"转变。

如果以上学术价值得以呈现的话，那么其现实意义在于，该研究可以为各地教会开展慈善事业，让更多的人了解基督教，了解基督教与社会的关系提供实践意义。2012 年 2 月底，国家宗教局与中央统战部、发改委等部门联合印发了《关于鼓励和规范宗教界从事公益慈善活动的意见》（以下简称《意见》）。该《意见》明确表示，"宗教界可以依法设立基金会等公益慈善组织"，申办"非营利性医院"，也可依法申请设立"专项基金"或"社会福利机构"。《意见》还对税收减免和政府资助补贴做了说明。

不难看出，在该《意见》的支持下，基督教进入公共领域开展社会服务的制度架构得以形成，其发展步伐可能加快。但是，在笔者对长三角地区基督教社会服务的调研中发现，各地教会虽然对该《意见》的出台表示赞赏，但当问及下一步如何行动时，他们多以观望态度为主或呈有心无力的局面。希望这一个案实证研究对各地教会开展社会服务提供参考借鉴之用。乐观地看，各地教会可以通过对 K 市的了解，在此《意见》的支持下，在慈善公益事业方面有所作为与突破，此乃本研究的现实关怀。

第二章　资源构成分析

第一节　K 市教会的个案描述

早期的资源动员理论比较强调资源本身，认为资源总量的大小及其组织化程度是决定一项运动成败的关键，资源总量越大、资源组织化程度越高，成功的可能性越大，因此，该理论在解释一些社会运动时更偏重微观与中观的层面。事实上，为了获取资源，教会不可避免地要与社会环境发生相互作用，同时，环境，如社会、经济、政治、宗教等氛围也直接影响到教会的行动策略，包括慈善工作。例如，本地经济发展改善了信徒的生活条件，个人经济能力增强，闲暇时间相对增多，这些条件的转变会对慈善行为产生影响；本地佛教、道教及民间信仰的状况也直接影响到基督教在同一片场域中的发展，进而影响到教会的生存与发展决策。因此，本章我们首先纵览一下 K 市教会的内外部环境，再重点分析教会拥有的慈善资源构成。

一、社会变迁：教会所处的外部环境

地处中国经济最发达的长江三角洲的 K 市，位于江苏省东南部，有"鱼米之乡"之美称，总面积 931 平方公里，其中超过 24% 是水域。1983 年 3 月起，K 市隶属 S 市，1989 年 K 市撤县建市至今。田野期间，K 市下辖 3 个国家级开发区、2 个省级开发区和 8 个镇。据统计资料显示，2010 年末全市户籍总人口 71.13 万人，外来暂住人口 121.26 万人。2011 年全市在岗职工平均工资 41667 元，农民居民人均纯收入 176454 元。

　　回顾 K 市的发展之路，1989 年撤县立市成为 K 的发展转折点，尤其在 20 世纪 90 年代以后，K 市进入高速发展期。曾任 K 市经济研究中心、体制改革委员会主任的张树成（2011：8-9）先生总结 K 市成功转型有三个阶段：20 世纪 80 年代的"农转工"，90 年代的"内转外"以及 21 世纪的"低转高"。从这三个转变我们可以大致勾勒出 K 市的发展轨迹。20 世纪 80 年代初，还是一个农业县的 K 市开始兴起乡镇工业，由此吸引了大批农村剩余劳动力，也为该区向工业化、城镇化发展奠定了基础。20 世纪 90 年代，尤其 1992 年邓小平南巡讲话后，K 市开始实施外向带动战略，一大批加工出口型的外资企业进驻 K 市，产业类型多为劳动密集型的传统产业，尽管如此，第二次转型大大帮助了 K 市经济量的扩张。进入 21 世纪，K 市加大高新技术产业和新型产业的比重，不仅有量的增长，更有质的飞跃。下面我们选取几个主要经济指标，看这些经济指标分别在 1978 年、1990 年、2002 年和 2010 年的变化，以此窥视 K 市的经济发展总貌。

表 2-1　1978 年以来 K 市主要经济指标的比较[1]

指　标		1978 年	1990 年	2002 年	2010 年
K 市财政收入（万元）		3460	13203	415188	4804229
K 市国内生产总值（万元）		24188	201167	3143412	21002846
产业结构比例（%）	第一产业	51.4	-	-	0.9
	第二产业	28.9	-	-	64.1
	第三产业	19.7	-	-	35.0
K 市实际利用外资[2]（万美元）		-	308	102800	172342
居民储蓄（万元）		1151	63927	1138563	6092794
农民人均纯收入（元）		201	1990	6262	17645

　　从表 2-1 我们可以看出，如果说 20 世纪 70 年代的 K 市还是一个以农业为主的小县城，那么现在，K 市则已经发展成为以非农业为主导的工、农、商贸综合产业结构的现代城市。此外，与其他城市相比，K 市在江苏省的位次又如何呢？从表 2-2 我们可以看出，除了人口这个指标外，K 市的生产总值、财政收入、外资水平等指标均列江苏之首。

1　本表为笔者综合《K 市统计年鉴 2011》等地方志而得。
2　利用外资分合同利用外资和实际利用外资，这里摘录的是实际利用外资数据。

表2-2　K市主要指标在江苏县（市）中的位次[3]

指　　标	2010 年	在 S 市的位次	在全省的位次
年末总人口（万人）	71.13	4	41
地区生产总值（亿元）	2011.28	1	1
人均地区生产总值（户籍）（元）	297656	1	1
全口径财政收入（亿元）	480.42	1	1
人均财政收入（元）	68086	1	1
进出口总额（亿美元）	821.24	1	1
实际利用外资（亿美元）	17.25	1	1

　　此外，K市还采取了一系列措施实现城乡统一规划，试图让农村户籍的居民享受到和城市居民一样的公共服务、社会资源和社会保障。例如，2003年K市在全国率先推行农村基本养老保险和农村基本医疗保险；同年，K市又发文取消了农业户口和非农业户口区分，统一称作K市居民。笔者田野期间多次乘坐公交车前往各个镇上的聚会点，沿途可见企业林立，传统意义上的乡村在K市这里已经变得非常不典型。

　　从以上宏观数据我们可以初步得到这样的印象：K市正在经历快速的城市化过程。在这个由农业为主导的小县城发展成为对外开放程度较高的新兴工商城市过程中，对于生活在其中的老百姓，他们眼中的K市又是怎样的呢？他们对今天的生活有何评价呢？在艾娜·唐根（2010: 93-94）对K市人的采访中，土生土长的K市人感到"收入显著提高了，品味也提高了"。而新K市人[4]则普遍认为"在K市，只要有想法、肯努力，外加一点运气，就能有光明的前途"（艾娜·唐根，2010: 32）。笔者的访谈也得到了类似的证实，一位五十来岁的本地信徒这样描述她生活的变化。

　　　　现在家里没田了，老早不种了，没有真正的农村，只有大农户在种田。我们都不用种了。所以我想想真的蛮喜乐的，我们以前种田很辛苦的，我家里十几亩田，那时候苦哦，也没有吃的，不像现在，什么东西都有。在我十八九岁的时候，这儿什么都没有，那样的日子过到现在不要太开心哦，种田人不用种田，还能拿钱。我们仍然住自己的房子，空气挺好的，住习惯了，真不愿意到那种小房子（指商品房），

3　K市统计局，《K市统计年鉴2011》，中国统计出版社，2011 年。
4　新K市人指祖籍并非K市但因为工作、学习等原因已在K市定居的人。

闷得很呀。其他相同年龄的阿姨，有社保、农保，现在农村都很开心的，农保一个月也有 500 块钱。像我们以前一分钱没交现在也能拿到钱了，有的年纪轻一点的也要交的。（访谈对象 203）

收入水平的提高、闲暇时间的增多都对教会开展慈善事业产生积极的影响。

宗教信仰方面，K 市是宗教信仰活动比较活跃的地区之一。据官方统计，目前全市共有佛教、道教、天主教、基督教四种宗教团体，经批准登记、开放的宗教活动场所共有 35 处，包括寺观教堂 10 处和固定处所 25 处。其中，佛教场所 10 处、道教场所 9 处、天主教场所 6 处和基督教场所 10 处。除了这些建制性宗教外，该地还存在着众多民间宗教信仰形式，很多人自称是佛教徒，但实际上他们所信仰的更接近于民间宗教。K 市地处江南吴地，自古以来"信鬼神，好淫祀"，虽然现在不像以前有那么多的庙会、仪式，但这一风俗的遗存依然可见，尤其这样的民间信仰在民众的日常生活中扮演着重要的角色。当地一些家庭，如果突然遭遇不测，如有人非自然原因去世，那么家属则会请来师娘（即巫婆）作法，希望通过这种方式消灾治病、驱邪撵鬼。而这种民间信仰的盛行无疑会和基督信仰产生强烈的冲击对抗，具体内容我们在后文还会有详细介绍。

二、走出幽谷：K 市基督教的发展

基督教传入 K 市已经有 140 多年的历史。同大陆其他城市的基督教发展轨迹基本一致，K 市基督教先后经历了"拓荒、坎坷发展及走出幽谷"（李峰，2004：31-36）等历程。这里因主题及篇幅的原因，我们着重介绍 1979 年以后 K 市教会的发展状况。

1979 年后宗教政策落实，K 市浸会堂于 1982 年整修开放，更名为基督堂。1984 年 12 月 2 日与 3 日召开了三自爱国运动委员会第一次代表会议，D 长老任主席。1992 年，毕业于金陵协和神学院的 H 牧师担任三自主席职务，后于 1997 年调往 S 市基督教"两会"工作。1998 年 11 月，W、Z 夫妇开始在 K 市教会工作，2000 年正式调入教会。

大致看来，宗教政策落实以后，K 市教会发展经历了两个阶段：第一阶段，1984 年至 2000 年，即 D 长老与 H 牧师在任时，教会处于重建、恢复阶段，主要致力于恢复教产和制定教会的各项制度规范，这一时期的突出矛盾是信徒激增而教牧人员青黄不接，牧养工作困难；第二阶段，2000 年三自改选，W 牧师正式上任[5]，直至目前，主要着力于重建教堂、扩充教牧人员队伍、开展社会服务等，教会各项事工走上发展的阶段。

表 2-3　教会主要负责人及工作重心

时　间	主要负责人	教会发展重心
1984 年-1991 年	D 长老	落实宗教政策，收回教产，培训义工
1992 年-1997 年	H 牧师	制定并落实各项规章制度
1998 年-1999 年	长老和义工代管	修建教堂
2000 年-至今	W 牧师	教堂修建，教牧人员培养，教会管理与发展

1984 年之后基督教在当地发展的文献资料不多，笔者辅以对信徒的访谈做补充，归纳出当地基督教从 20 世纪 80 年代到今天的变化，大致有如下四个方面。

1. 信徒人数

就全国范围而言，20 世纪 80 年代以后，中国宗教开始了大规模的复兴。其中最引人注目的是基督教的发展，具体体现在"教会人数的迅速增加、信徒构成的变化、新教堂的建设、新的信息交流及培训方式等方面"（孙毅，2006：277）。20 世纪 90 年代之后，除了几个地区，中国基督教的发展已经进入相对平稳的阶段，但信徒人数上升的速度仍然很快（高师宁，2005：35）。

基督教在 K 市的快速发展大致起始于 20 世纪八九十年代，表现为越来越多的人接触基督教，陆续加入教会。但当时聚会场所只有位于 K 市市区的 KS 堂，除此之外，信徒较集中的便是 DSH 镇，聚会地点为一位信徒家中，除了市区及 DSH 镇外，其他乡镇的信徒则较少且分散。家住 KS 堂隔壁的李姊妹这样形容 20 世纪 80 年代教堂的情况。

> 八几年根本不知道基督教，这边拜佛的人很多。1995 年左右，也不多，也就一两百人。因为我们那个堂坐满才 500 人，平时坐不满的，两三百人就蛮好的。后来慢慢就好了，能坐到五六百人，另外还加了凳子。（访谈对象 206）

5　W 牧师于 1998 年来到 K 市教会，但直到 2000 年三自改选，W 牧师正式成为 K 市基督教三自爱国运动委员会主席后，他才真正拥有对教会的领导权。

而信徒相对比较多的 DSH 镇在 20 世纪 80 年代也比较艰苦，从刚开始的几个信徒在姊妹家院子聚会，慢慢发展到到现在的 4000 多人。

> （我是）1989 年信的。1989 年刚去的时候还是在王姊妹家门口的场地上，200 人左右。比我早的时候是从几个人到几十个人。我去的时候 200 人左右。（访谈对象 209）

> （我）1986 年就信主了，那时还没这个教堂呢，我们都不知道到哪儿去信。一个老姐妹就说，另外一个村有个老姐妹会做祷告，让她给你们做个祷告你们就信了。我们就找上去。我们本地人多，都是本地人信耶稣，在我信的时候整个 DSH 镇只有十几个人。就在现在看场地的老姐姐家，大家唱唱诗，做做祷告。一直到 1989 年，建教堂，那时已经有千把人。（访谈对象 203）

随着信徒人数逐渐增多，到了 20 世纪 90 年代后半期，堂点也在增加。发展至今，K 市共有 2 处教堂和 8 处聚会点[6]，分别是 KS 教堂、DSH 教堂、LJ 聚会点、QD 聚会点、ZP 聚会点、SPU 聚会点、ZZ 聚会点、HQ 聚会点、JX 聚会和 SPA 聚会点。其中，KS 教堂和 DSH 教堂作为 20 世纪 80 年代恢复重建及新建的教堂，其信徒比较多，而其他聚会点则是伴随着信徒增多、方便礼拜而逐渐于 20 世纪 90 年代甚至 2000 年以后才发展起来，信徒规模相对较小。牧师们普遍反映，参加主日礼拜的人数大概是所在堂点信徒人数的一半左右，根据笔者的观察，没能参加主日礼拜的集中于男性信徒和周末需要工作的两大人群。

表 2-4 基督教各堂点基本信息[7] 单位：人

名　　称	构建年代	信　　徒	主日礼拜
KS 教堂	1982	3000	1500

6　2 处教堂和 8 处聚会点是已正式登记的堂点，此外，还有未登记但已开展活动的 LY 点、BC 点以及因为路途远等原因而新开的由 KS 堂以堂带点的聚会地方，如 FHY、XJY。

7　问及各堂点的信徒人数，这是让众牧师都感到难以回答的问题。一是标准很难确定：是以受洗还是经常参加聚会为标准呢？笔者在对信徒访谈时也发现，很多信徒并不把赋予神学意义的受洗仪式看得那么重要，对他们而言，走进教堂，心理上皈信的那一天更具有纪念意义，即使因为种种原因没有经历受洗，他们也会自认为已经是信徒。二是信徒具有一定的流动性，即使受洗了也可能又不信了，因此，这里的信徒人数为牧师估算，也并不等同于登记的人数，实际人数会比该数据略高。

DSH 教堂	1989	4800	2000
LJ 聚会点	1996	1000	600
QD 聚会点	1996	800	450
ZP 聚会点	1996	500	200
SPU 聚会点	1996	500	300
ZZ 聚会点	1996	400	200
HQ 聚会点	1996	500	200
JX 聚会点	2006	200	90
SPA 聚会点	2001	300	150

截至目前，据教会不完全统计，全市信徒约 18000 人，其中外来人口占 5 成。这个数据笔者认为基本准确，因为加上那些非建制教会的信徒，估计 K 市基督徒约有 4 万人，这与华东师范大学宗教与社会研究中心在长三角地区所做的调查数据是基本吻合的，该调查显示，基督徒人数约占 2.7%（李向平等，2012：19）。

信徒结构方面，过去我们常形容教会的信徒有"五顶帽子"现象，即女性多、生病多、贫穷多、低文化多、年老多，现在这种现象略有改观，主要体现在年轻人增多，相应的信徒的文化水平也比过去有所提高。

> 信主的，以前都是老年人，有病的，好像把耶稣视为医生治病的，年轻人到教会里做礼拜是奇怪的。后来越来越广传，上帝在大家心目中有改变，年轻人越来越多，现在越来越多人知道基督教是不差的。（访谈对象 209）

性别比例方面，女性仍然是信徒中的主力军。全国基督徒群体中，女性约占七成，男性约占三成（中国社会科学院世界宗教研究所课题组，2010：191）。笔者在 K 市教会的调查中也发现类似的现象，教会中男性信徒的比例仍然很低，尤其是能够参与教会事工服务的弟兄非常少。在一次聚会中，传道人说起唱诗班需要补充更多的有一定音乐"恩赐"的信徒，末了，传道人还特别强调，因为目前唱诗班的男性太少以致影响到了唱赞美诗的整体效果，希望有更多弟兄积极报名参加。对于为何女性信徒多，笔者在 DSH 镇偶遇的一位杂货店老板从男性角度给出了他没有信基督的解释："像我们家，我妈，我老婆，都信的。她们每个星期五，星期天都去教堂的，我妈已经 90 多岁了，还去的。她们怎么信我不知道，我不管她们的。女的嘛，就希望这个好，那个好，婆婆妈妈的，我们男的，不想这些，死了就死了。"这位杂货铺老板的解释倒也印证了其他研究成果：与男性相比，女性通常表现出更高水平的宗教信仰……与男性相比，女性更可能相信魔鬼、天堂、创世论、鬼魂、与亡灵能够相交、超验知觉和占星术，更可能报告有过灵异体验；相反，男性则更有可能相信 UFO、外星人曾经造访过地球（斯蒂芬·亨特，2010：117）。

除了信徒人数增加外，信徒的信仰生命质量也是值得考虑的一个问题。众多学者的研究都认为，新信徒的信仰不如老信徒的虔诚。在本研究中，教会里年长的信徒也普遍反映了这种担忧。

> 八九十年代虽然信主的人不多，但是信徒的信心特别好。信耶稣的很热心，一个命令要做什么事，弟兄姊妹都很积极的。这段时期信徒增加倒不快了，信主增加的人不多，这几年不多。开始信还好，时间一长就不行，眼光浅见，信耶稣好像没什么用处，其实是有用处的。像他们出去做工一天几十块钱，但到教会做义工就没什么经济收入，大家往金钱去了，还有一些人出去打工了。别人来说哪儿哪儿好，就走了。（访谈对象 209）

笔者与一对母女信徒（访谈对象 203、205）的对话也反映出老少两代信徒在灵性生活上的差别：

> 笔者：您觉得老一辈信徒和现在的年轻人信徒有什么区别吗？
>
> 母亲：以前老人多，大家多不识字，也不读《圣经》，就是凭自己在做祷告，但以前的人信心很好。现在呢，年轻人多了，文化水平高了，但他们也不读《圣经》的，不信你问我女儿，你问她读不读。
>
> 女儿：我没时间啊，其实也不是没时间，我就是不爱读书，想到读书我头就疼。你看旧约里那些复杂的关系，看不懂呀。
>
> 母亲：现在完全不知道年轻人怎么想的。比如，我们安排了两个人要在大门这边值班，安全问题嘛，你看，这会，下午，他们都不来了。理由？不知道呀，就没来了。

对于近年来基督徒人数增加的社会事实，有人为之呼呼雀跃，有人却心存疑虑。通过以上这段描述我们发现，信徒人数的增加只是基督教发展的一个面向而已，我们还需要关注信徒的信仰质量，如果后者没有得到本质的提高，那么基督教的发展也只停留于数字的增加而已。

2. 信仰质量

　　如果以信仰起因作为标准的话，我们可以将基督徒分为先赋型和自致型。所谓先赋型就是因为其父辈为信徒，个体继承这种"家传"而皈信基督；自致性则排除了家庭因素而自己决意信仰基督，这种信仰变化的原因又分为几种，如受到灵恩感动，或抱着某种希望而加入教会，受家庭影响，经历生活中的患难疾病等重大事件，个人理性思考和教义吸引（马恩瑜，2008: 32-38）。还有学者提出"因健康问题而走进教会历来是中国基督教徒的一个特征"（陶飞亚，2005：164）。实证数据也显示，归因自己或家人生病而信仰基督教的信徒占 60%以上（中国社会科学院世界宗教研究所课题组，2010: 192）。高师宁（2005: 300）认为，这种比较注重实效的浓厚实用主义色彩是与信徒的生活环境状况密切相关的，比如生活贫困，没有改变眼前现实的途径，对他们而言，信仰不仅成为解释其艰难贫困的唯一依据，也是他们祈求平安，祈求衣食，消灾祛病的唯一方式，更是改善其自身处境的唯一途径：希望通过信主来求得温饱与平安，希望信主出现奇迹，这也成了大多数农村信徒信教的原因。也有学者认为基督教信仰的这种功利性色彩是受民间信仰的影响，"他们像以往拜菩萨那样去敬拜上帝"（王燕琴，2006：217）。

　　问起 K 市信徒信主的原因，大部分信徒表达了类似的想法，即因为自己生病或家人报恙而求助神灵，希望通过敬拜、赞美，赢得神的欢喜而实现人神互惠的关系。但是一旦这种努力没有得到即时的回报，有的信仰者就会放弃转而投向其他宗教。访谈中有这样一位信徒，她最初走进教会是因为"拜菩萨不灵了，所以换一个试试看"：

　　　　我以前是烧香拜佛的，因为我身体不好。烧香的时候烧得很虔诚很认真，我一直赶着去烧头香的。清早，一早起来就去寺庙，但越烧身体越不好，后来就信耶稣了。现在家里其他人不信，就我一个人信。烧香的时候呢，我只知道想投胎投一个好好人生，家人健康、平安。但是烧的啥，不知道，看见佛就拜，磕头磕头，不知道磕的是谁。烧香人真的很多不知道，你要问他们，很多不知道，我自己就是。烧香的时候我身体不好，婆婆就让我烧香，让菩萨保佑。但是身体还是一直不好，别人就说，你不诚心，要烧头香，我就自己一早爬起来，早上两点，去庙里，但还是没用。（访谈对象 206）

值得注意的是，笔者在参与聚会时发现，现在仍然有个别传道人或义工在讲道或读经班中会把"信基督生病不用吃药"这样的例子分享给信徒，这种带有很强片面性的讲道，无疑会继续加固信徒的功利性愿望。

同时，有一些信徒纯粹或因为个人兴趣爱好，或因为寻求团体支持而加入教会，还有一些信徒希望通过加入教会来扩大自己的社会网络，增强社会互动，以便摆脱精神上的孤独（韩敏，2007: 217）。尤其是农村社区的中老年妇女，她们往往缺乏社会交往的场所和机会，而教会正好可以弥补这样的缺失。现在仍在 DSH 堂专职侍奉的唐姊妹当初加入教会纯粹是因为"爱唱歌"：

> 我以前不信的，我有几个邻居信，他们经常在一起唱诗，但他们唱得不好，我爱唱，我就教他们。教着教着，他们就劝我去教堂，我说好呀，有歌唱就行。于是我就去了，信了，一直到现在。（访谈对象 203）

访谈对象中，也不乏理性思考的信徒，朱姊妹就是其一。

> 我当初去教会，没有特别的原因，我身体好，家里也好，没什么困难。别人给我传，我说好呀，我去教堂看看，先看看到底怎么回事，等我自己弄清楚了，我才信的。（访谈对象 209）

总体而言，表面上看大部分的信徒加入教会带有功利色彩，正如梁家麟（1999: 226）所说的"中国农民有强烈的实用主义心态，对教义理论的兴趣不大，讲究的是某个信仰所带来的实际效果，而非该信仰本身的合理性……藉信教得来各种好处才是他们最大的关怀"。访谈中笔者发现这种论断有其正确的一面，但现实也在发生变化。对于一些信徒而言，虽然他们初入教会是持着较为功利化的原因，但这些并没有影响其日后灵性的增长。

随着对《圣经》理解的加深，同时受到牧师讲道的影响，他们的信仰观也发生了一些变化，直接表现为信仰不仅作为内心精神世界的依靠，更逐渐成为指导信徒日常生活和行为方式的道德准则。对于信徒来说，"不荣耀上帝"、"不讨神的喜悦"的"罪"会受到上帝的惩罚。由此，信徒对自己、对职场、对家庭的态度与行为发生了变化。对于这种变化，以下三位访谈对象分别从自身、职场表现以及对家庭的态度三个方面予以了很好的阐释。

> 何姊妹：信了耶稣后，会让自己更谦卑，不像以前那么计较。（访谈对象 204）

　　陈姊妹：像我在厂里，难免和别人发生口角，我就提醒自己，信主了，忍一忍，不争了。那按以前，是一定要争，还要争赢的。（访谈对象205）

　　张姊妹：信仰对我的家庭都有指导，比如，我怎么对待老公，对待公婆。以前没信靠耶稣的时候，跟婆婆公公有不太开心的时候，有一个阶段，信了耶稣，但还不太明白，还有吵架的时候。但信明白了，我和我婆婆脾气也改掉了，我也不把她当作我婆婆，就是自己的妈妈。（访谈对象210）

　　如果了解上面张姊妹其家庭生活中的经历，我们就能从上面这段话中深刻地了解一名信徒的转变。随着交往的加深，张姊妹跟笔者分享了曾经发生在她家中的丈夫外遇事件。

　　我老公出轨以后，这件事我们村子上都知道的，那个女的，因为又跟别的男的，被那个男的杀掉。这件事情出来以后，我一句都没有骂他，我只会哭。当时我信耶稣，我也不打他也不骂他，我不用暴力，我要让他自己自责。后来他对他妈妈说，像我这样好的人很少的。（访谈对象210）

　　从以上事例我们可以清楚地看到，女性在接受基督教信仰后，她们的内心世界会发生很大的变化，即使在逆境中也以好的行为感化对方。对于这些女性而言，基督教给予她们的不仅是心灵的慰藉，也对她们的家庭生活、职场带来很大的影响，并在一定程度上支配着家庭乃至社会的风貌。因此，考察中国基督教信徒皈信的原因时，不能否认的，很多人是因为较为功利的原因，或因疾病，或因遭遇挫折而选择宗教信仰，但我们不能视之为固定不变的。

　　事实上，信徒们在进入教会之后都要经历一个基督教文化再社会化过程，在此过程中，很多信徒的灵性修养会发生巨大的改变，即使他们可能仍然分不清楚各个教派的差异，但有关信仰的教导却实实在在地作用于信徒身上。在与他人的交往过程中，信徒的自我意识在不断被建构，他们习得和他人交往的方式和行为规范，调整自己与他人的关系。这种调整也让他们从一个"我希望得到"这种注重人神互惠关系逐渐转变成"我应该做到"这样活出信仰的基督徒，而"做光、做盐"恰恰是从信徒个人层面能够做到的让基督教走入社会、构建基督教的社会认同的最有效而具体的方式，并且他们的道德伦理也会对周围的人产生默默的影响。

3. 牧养与教会管理

学者梁家麟对二十世纪八九十年代中国（建制）教会牧养情况的考察发现：公开教会的牧养模式一般都是非常传统的，所有聚会，无论是主日崇拜、青年团契抑或祈祷会，都以讲道为主；既缺乏个人关怀、肢体相交，亦欠时代气息与生活应用。由于牧者与信徒的比例悬殊，牧者要兼顾的堂点太多，家庭探访与教牧辅导难以全面推行，无法满足信徒的需要（梁家麟，1999：56）。回顾 K 市教会早年的牧养工作，的确出现了梁氏所描述的那些问题，甚至更为严重，但我们亦发现，教会也在开展各种策略应对这些显而易见的瓶颈问题。

二十世纪八、九十年代开始信的老信徒回忆过往时都感慨过去教牧人员的缺乏，牧养工作的困难。

> 以前讲道，有的自己也不懂，呱啦呱啦讲一通，你怎么讲别人怎么听，所以信徒素质都不高。H 牧师到这之前，一年只能领圣餐一次，有什么事还要从 S 市请包牧师过来。一有纷争就成为荒场……那几个老头老太没有正规学习和培训，说实话，不怎么明白，告诉我们，耶稣住在北面，最北最高的地方，就这样的老头老太。D 长老已经算有文化的。（访谈对象 206）

位处市区的 KS 堂面临这样的局面，而较为偏远的 DSH 堂则更严重。

> 那时候没有正式的传道人，靠着市里的 D 长老，刚开始人少，一个星期一次，后来人多就一个星期两次，主要靠信的早的老信徒自己来带，那个时候信的很偏很奇怪的，以为读了一点点就读懂了，那时候教会里没有规章制度，除了星期天聚会没有其他，热心是热心，但信仰是混乱的，还受到其他地区的影响，比较乱。一直到 1990 年，安排 H 牧师他们过来，正式成立规章制度、唱诗班、值班组，信仰上也及时牧养，各方面才渐渐规整。特别是老信徒，知道什么是对，什么是错，也不再乱来了。（访谈对象 104）

> 有的人，信主，信得很固执的。像有的人，看到自家被套上有龙的图案，水瓶上有个龙的花纹，就直接把这些东西扔掉。[8]（访谈对象 203）

---

8 信徒们认为，《圣经》中多处提到龙，且多为不好的形象。当他们把这一解读对应于日常生活，就会对带有龙纹的物品心存抗拒而拒绝使用。

笔者在访谈了解教会 20 世纪 90 年代的发展情况时，大家普遍认为那是一个充满混乱与纷争的时期，而"车祸事件"则作为一个导火线，把教会的问题彻底暴露出来。

> 1992 年，过圣诞节，我们先在 KS 堂欢度，然后又赶去 DSH 镇上的教堂，路上出了车祸，一下子死了 4 个人，都是教会的骨干，当时教会一片混乱，真的很惨，很多信徒都非常软弱。心灵上软弱，一下子死了 4 个，人想不通的呀。唱诗班的人都不来了。甚至牧师台上讲道，信徒都要上去打牧师的。死者家属吵到教会来，这些家属有的信有的不信，即使信的也吵。整个教会就处在这个乱的局面，再加上传道人少，信徒对《圣经》真理不是很明白，出了事情就吵，对《圣经》的装备、理解都缺乏。（访谈对象 206）

出现这种混乱局面的原因，除了信徒所反映的信仰软弱、家属不讲道理外，据 W 牧师的补充，背后还掺杂着个别教会义工企图借此事件获得教会领导权的权力斗争因素。无论真实原因到底如何，20 世纪 90 年代的教会混乱局面客观存在。因而，先后经历过教会 90 年代"纷争低迷"与现在的"稳步发展"两个年代的信徒都感叹教会今天的变化。李姊妹这样说道：

> 我们最大特点是合一，没有纷争，这就跟牧养很有关系。班子很重要，领导班子合一了，同心了，下面也都看得到，这就叫身教胜过言传。以前都是老头老太搞，后来好容易来了两个老师，也是神学刚毕业，这个侍奉也要操练的呀。W 牧师人也聪明，我们非常感恩。尤其我亲眼见证了教会从低潮到现在的复兴。（访谈对象 206）

发展至今，教会已经有教牧人员 10 人，其中牧师 8 人，长老 1 人，传道 1 人，且这些教牧人员都是受过正规大专或本科的神学教育。不过值得提醒的是，随着信徒人数的增多，尤其年龄、文化层次的分化，这些神学科班出身的牧师在牧养，尤其讲道方面仍然存在困难。笔者曾经在一次小型座谈会中请大家说说哪位牧师讲道最好，有的信徒就提出"W 牧师讲道讲得太深，我们听不懂"。而有的信徒则反映"W 牧师这样的才好"，看来对牧师而言，如何能够满足不同教育背景的信众多层次的需求，也是不小的挑战。但不管怎样，这些牧师相较以往的教牧人员在信仰方向上是值得信徒信赖的。

> 新牧师呢，不管他讲得如何，至少他讲得不偏离。以前台上乱讲，下面听得也乱。（访谈对象 206）

仪式是宗教的重要组成部分，也是宗教信仰有形的表现形式，是表达宗教信仰的一套符号体系，能够增强信徒对宗教解释的信心（斯达克等，2006：132）。社会学鼻祖爱弥儿·涂尔干（1999：50）在研究宗教现象时就很强调仪式的重要性，他认为真正的宗教信仰总是某个特定集体的共同信仰，这个集体不仅宣称忠于这些信仰，而且还要奉行与这些信仰有关的各种仪式。这些仪式不仅为所有集体成员逐一接受，而且完全属于该群体本身，从而使整个群体成为一个统一体。每个集体成员都能够感到，他们有着共同的信念，他们可以借助这个信念团结起来。集体成员不仅以同样的方式思考有关神圣世界及其与凡俗世界的关系问题，而且还把这些共同观念转变成为共同的实践，从而构成了社会，即人们所谓的教会。下面以 KS 堂和 DSH 堂每个星期的崇拜仪式为例。

表 2-5　KS 教堂崇拜仪式

	周日	周一	周二	周三	周四	周五	周六
KS 堂	8:00 崇拜 13:00 崇拜		8:30 读经班 19:00 中青年聚会	13:30 聚会		13:00 专题聚会	13:00 见证会 18:45 唱诗班练唱
	单月第一个星期五有工商团契；双月第一个星期五有伉俪团契						
DSH 堂	8:00 崇拜 13:00 崇拜			12:00 老年识字班 18:30 中青年聚会		12:00 见证会 19:00 唱诗班练唱	
	每月第一、三个星期六有小羊团契；每月第二、四个星期天有恩友团契						

K 市的每个堂点都有主日崇拜、读经、诗班练唱等仪式，个别堂点还会针对自己的信徒特点量身定做一些形式更加多样的团契活动。如青年团契、工商团契、小羊团契、弟兄团契。前文我们提到，K 市正在经历快速城市化过程，随着城区面积的不断扩大，产业的不断积聚，大量的外来人口涌入 K 市。以 ZP 镇为例，该镇本地人口只有 6.6 万，外来人口已经有 12 万。因此，在这些外来打工人口居多的聚会点，还特别成立了恩友团契，旨在"给外地来的弟兄姊妹一个家的温暖。他们需要找工作，教会就帮忙牵线，帮他们解决一些实际问题，让他们看到主内弟兄姊妹彼此的关爱"。（访谈对象 106）在这样的聚会中，牧师或传道人通常使用"双语"牧道，即首先用当地方言

讲道，随后再用普通话翻译一遍，这样既满足本地人需求，又照顾到不懂本地话的外地人。在一些特殊的节日，比如中秋节，教会还会为那些不能回家的信徒举办特别的聚会。

虽然教牧人员略有增多，教会也试图开展更多的专题聚会，但这些努力仍然无法满足广大信徒的需求，于是，DSH 堂和 ZZ 点陆续开始了"小组化牧养"，通过这种形式加深教会与信徒的沟通，提高牧养深度。

> 堂里的组织架构是堂委会，9 个人。每个人负责几个片，片下有联络组，每个联络组都有组长，组员。这些组长都是在唱诗班等圣工上有份的。他们有什么事情就向教会反映，教会有什么事情也通过他们向下传达。就像一个网络，因为我们下面每一个村都有一个小聚会，有时白天不放假，老年人太远不方便礼拜，就在下午或晚上聚会，唱诗班的人把教会学的歌，或教会的讲道，再在组里告诉他们。他们有重要的病人或有需要的人再通过组长告诉我们，我们再组织探访。所以虽然这边信徒很多，但一点都不乱，组长都是经过培训的。现在我们每个月一次带他们学习，学习《圣经》等各方面的。组长不是专职的，都是义工。（访谈对象 104）

此外，ZZ 镇 13 个村组中有 9 个村组都有聚会点，这些聚会点主要满足那些行动不便的老人定期开展聚会活动的需求，教会每个星期也派义工前往探望，了解信徒所需。通过这样的细胞小组的形式，一方面可以将教会生活扩大至教堂以外的地方，如聚会点乃至信徒的家里，使信徒的灵性增长，同时，教会能够超越信仰范围，更加细致关注到信徒的家庭生活、身体情况乃至心理需求，从而提高信徒的归属感，进一步强化信仰共同体的整合与团结。这也是教会在应对信徒人数增多、灵性需求增大这样的变化时进行的思考和采取的策略。

4. 佛耶张力

众所周知，直到 19 世纪，基督教才开始较多地进入中国，而它在 19 世纪后期的大规模进入则伴随着西方列强的入侵。因此，对于一个以儒家传统为根基的东方古国而言，长期以来，基督教不仅是"洋教"，而且还被打上了"文化侵略"的印记。由于这个时期中国社会的特殊情况，基督教被视为彻头彻尾的舶来品，而信仰基督教的中国人，被认为是一些"至愚极贫之民"，被称为"二毛子"，"假洋鬼子"，在农村还有许多不同的贬称（高师宁，2005：240）。访谈发现，基督教在当地有被称为"吃教"的历史，究其原因，缘于早期基督教来华传教时，传教士为了吸引信众，往往在教堂里提供免费的住宿或衣食，因此，非信徒对基督教的认识即为吃住在教堂的人。由这个词我们便可体味到早年基督教在当地的处境。

> 有的老姐妹，有一个带十字架的包，都是藏起来的，被别人看见了要骂的，叫我们十三点，神经病。我们那时很热心，天天出来敬拜赞美，他们看了就说我们是神经病。（访谈对象203）

这种信徒遭遇他人不理解的现象在今天仍时有发生。

> 我们有个信徒，全村就她和她老公一家信。她有一个大儿子，还蛮好的，虽然不信，但也理解支持父母，但他还有小儿子，媳妇是很凶狠的那种，有一年过年，大儿子出车祸死了，他们请了师娘，师娘就说因为你爸妈信主，所以你们家就成这个样子了。然后就开始逼迫，老两口就被村里隔离了。有一次我们去探望，我知道他家这个情况，我们去的时候特意找的不大去的信徒一起。我和一位同工一起过去，村里一个人看到我们，就一直跟着我们，跟到他家门口，就问你们来干什么的，你们是什么人。他们就不允许有信耶稣的人到他们家里去。（访谈对象106）

说到基督教在当地的处境，早年在其他地区做牧养工作的 W 牧师深有体会：

> （这边人）排斥信耶稣的。比如我们造教堂，有的人就反对，特别是老年人，说"教堂一造，老祖宗不敢回来了"（笔者："怕压着了？"）对对对。压力主要来自民间，孩子信耶稣的，父母就很反对，说你要信了耶稣我死了之后就没指望了，没人给我烧纸了。这种传统的思想对基督教有一些影响，但我们做的好事他们还是承认的。我自己感觉，本地人，如果愿意走进教堂，即使不信，也是很大的一个进步。所以南方的，苏南这块，信耶稣的还是受到这样传统文化的影响。苏北没有，像我老家，那边就没有这个情况。这边如果有人去世，不信的，如果基督徒过去，都不给进门的，他们认为"你一来我们这些仪式都没有用了"。苏南，包括我们这一片，都有这个情况。他们叫基督教都是"吃教"。有时我们到殡仪馆进行追思仪式，本地人就说"吃教的来了"。所以这边信基督教的男

孩子找对象很难找，女孩子很难嫁。而我老家那边，不信的很想找个信的，家里人开心，找个信耶稣的，至少不会吵架，是讲道理的。（笔者："那这种态度会不会影响到基督教教会平时开展活动？"）这个倒没有，大家都还没什么意见，但是建教堂，因为关系到社区里的，就会有矛盾。有一次我们建一个教堂，本来设计的是市民活动广场，后来政府把这块地给了我们建教堂，但没有及时公示。再加上，南方有一个"香头"，神汉巫婆，他靠这个赚钱的，就乱说，说基督徒天堂也进不了，地狱也下不了，就悬在半空中受罪，他要阻止人来信耶稣。因为如果大家都信了，他就没钱赚了。结果当地人就趴在打桩机上不给动，我们最后没办法，只能另外再找地方。所以我一直讲要提高教会的影响力，怎么提高呢？一个是从文化的层面，一个就是做社会服务，表达爱心。（访谈对象101）

　　田野间，笔者走访了 K 市最大的一座佛教寺院，在院中访谈了几位前来烧香拜佛或做法事的佛教信徒。谈到基督教时，很多人连连摆手或摇头，"那是不能接触的。"（笔者："为什么呢？"）"不知道，就是不能来往的，一个天上一个地下。"（笔者："谁天上谁地下呢？"）"不知道。""基督教？那是没有形象的。你看他们就知道嘴巴念啊念啊，不像我们，你看，还有烧香这些。"但公平地说，也有信徒持较为中立的态度，认为"大家可以交往，只要不谈信仰，谈其他的，工作、孩子、学习，都是可以的"。还有一对年长的佛教徒夫妻，他们认为"大家都是讲一个爱字，不应该互相排斥"。笔者发现，那些视"佛耶"对抗的信徒多为初一、十五进寺庙拜拜，不读经文，不听法事的信徒，而前面提到的年长的那对夫妻，他们之所以持有这样开放的态度，源于"我们不识字，但我们经常听师父说，师父也告诉我们，信仰不应该分等级，大家都要友好相处"。看来，对信仰的认识更在于个人自身的修行，并进而影响到其对待其他宗教信仰的认知态度。也有姊妹在访谈中谈到基督教受歧视的现象在慢慢减少，她把这种变化更多地归结为信徒自身素质的提高以及教会整体的复兴。

　　　　现在这种歧视也有，但好多了。比 90 年代好得多，和 90 年代
　　不能比，信徒素质提高，教会在复兴。（访谈对象206）

　　除了受到其他宗教信仰者或无宗教信仰者的排斥压力外，教会还要时时面对其他教派"拉羊"的现象。例如，ZZ 聚会点的牧师刚上任时，第一件需

要解决的棘手事情就是"拉回走失的小羊"。当时教会中的三位骨干转入当地韩国人开办的聚会点，由于这三位骨干在当地教会比较有影响力，一大批信徒也跟随而去，因此，这位新上任的牧师"一家一家地跑，劝服他们"，最后结果是，有的劝回来了，有的却没有。以上种种反映基督教遭遇的挑战也将进一步影响到教会慈善公益事业的动员，这种影响具体分正反两方面，详细内容见第三章。

第二节　人力资源：慈善事业的主体

资源动员理论认为，资源总量的大小及其组织化程度是决定一项运动成败的关键，资源总量越大、资源组织化程度越高，运动成功的可能性就越大。这里所说的"资源"不仅包括有形的资金、场所、设施、成员，还包括无形的意识形态、领袖气质、组织技巧、合法性支持等等（何颖玉，2011）。让我们首先看一看社会运动研究者对资源的分类。克雷斯和斯诺把运动资源分为道德资源、物质资源、信息资源和人力资源。麦卡锡等人在综合之前研究成果的基础上把运动资源分为五种，分别是道义资源、文化资源、社会组织资源、人力资源和物质资源（冯仕政，2013：108-109）。那么，教会开展慈善所依赖的内外资源，即神圣资源和世俗资源分别有哪些？这些资源发生了哪些变化？这是本研究需要回答的基本问题。大致说来，基督教开展慈善的资源包含多种，资金、志愿者、信息、信任、物资、关系等都在其中。下面我们简要看一起教会慈善活动的案例。

2013 年 5 月 3 日，一场名为"低碳环保"的爱心义卖活动在 K 市 DSH 教堂大院举行，这是教会自 2011 年以来第三次举办这样的活动。据教会负责人介绍，最早是江苏基督教爱心公益基金和教会联系，提出这样一个创意。然后常委会召开专门会议讨论活动方案、人员分工。具体开展活动的时候，首先由牧师在各个堂点发出倡议，请弟兄姊妹将家里闲置的，如日用品、电器、衣物等可以再循环使用的物品汇总到教会，再由专职人员定价。同时，教会还要与活动所在的当地政府联系讨论交通路线等事宜。而场地布置则交给主办堂点的弟兄，活动当天堂里的乐队、腰鼓队等人员还会配合宣传。整个活动中涉及的资金都以"爱心币"形式呈现，即各个堂点到总账会计处领取爱心币，活动结束再将爱心币换算成现金交予江苏基督教爱心公益基金。

通过举办这样的活动，教会试图向广大信徒宣传低碳环保的知识，树立低碳环保的理念。

从这样一个典型的教会慈善案例中我们可以看出，教会从事慈善活动离不开人力资源、资金资源的支持，而在整个筹划、开展工作中又离不开教会的组织决策、与当地的政府沟通、同行慈善机构的支持等。因此，下文将从人力资源、资金资源和关系资源三个方面进行考察，深究 K 市基督教教会在这三大领域所拥有的资源分别如何。

人力资源方面，根据他们在教会组织结构内的不同位置和投入程度，我们可以将之大致分为两个层面，教牧人员和义工。其中教牧人员又分为教会领袖和一般教牧人员。[9]因此我们从教会领袖、一般教牧人员和义工三个层次来剖析教会内的人力资源。

一、教会领袖

一个教会发展的好坏往往取决于这个教会的带领者与传道人的组织与教导，他（她）是这个教会的掌舵者，也是这个教会的灵魂性人物。他们的个人素质和个人魅力往往能够决定教会未来的发展（石丽，2012：128）。因此，首先让我们对 K 市教会的主要领导者，即 K 市基督教三自爱国运动委员会主席 W 牧师做一个剪影。

W 牧师，1963 年出生，1995 年任教会内职务。在开始教会的专职侍奉之前，他曾在汽车修理部工作，后到 C 市教会开办的文化用品厂工作。1985 年他就读于金陵协和神学院，1990 年毕业之后在 C 市基督教两会工作，任市三自会的副主席兼秘书长，市基协副会长。2000 年正式调入 K 市基督教教会，现在除了担任 K 市基督教三自会主席的职务外，他还是江苏省基督教三自会的副秘书长，S 市基督教协会的副会长以及 K 市 DSH 教堂的主任牧师。

W 牧师对于自己的评价是"我跟人家打交道，一是一，二是二，以诚待人"。我们可以从他说的两段话中看出他是一位比较有魄力，敢讲敢做的人。

> 关于奉献这个事，以前传道人都有些晦涩，不愿意讲，感觉如果讲奉献是不是找信徒要钱。但从信仰上讲，我们每个人的收入的十分

9　"人力资源"一节中主要讨论一定程度地参与到教会各项事工的人群，而不包括那些只参加教会神圣性活动而不参与组织内部事工部门运作的平信徒。虽然平信徒对教会慈善事业的贡献很大，但主要是资金方面的奉献，因此这部分陈述将放在"资金资源"一节中。

之一应该归给上帝，这是十一里面说的。而且我们现在十一奉献不单单是为传道人生活，教会各项事工开展，甚至包括教堂建设、慈善，都是用这个款项。过去传道人不太愿意说奉献这个话题，信徒对传道人说你是奉献出来的，所以没资格谈我要什么，所以有些地方，年长的传道人不太考虑年轻传道人的生活，他的观念是过去我才拿多少钱，你怎么能拿那么多钱。过去和现在生活环境不一样，货币价值也不一样，这样一个思想存在对教会同工来说，本身是个不人性化的对待。我是敢讲的，奉献这个事我在 K 市是第一个讲的，我每个堂轮流讲。而且除了十一奉献，还有专项奉献，但这个奉献是要根据你能力的大小，不能饭都没得吃就奉献，这是我们不支持的，也不欢迎的。

我刚来 K 市的时候看到这边的年轻牧师穿衣服都灰蒙蒙的，我问她们，你们是没钱买衣服还是不敢穿，她们说如果牧师穿得太花俏会被信徒说。我说这是什么道理，牧师只有穿得漂亮，展现出良好的精神状态，才能对信徒有一个更好的指导呀。有的老姊妹穿得花花的，跑过来问我，我说，"对，就要这么穿。"（访谈对象 101）

同时，教会中的其他教牧人员以及年长的信徒对这位教会领袖都敬佩、赞赏有加，W 牧师的高超的人际交往能力和领导教会发展的战略眼光赢得了信徒们的信任与尊敬。

W 牧师，很实在的人，做事比较谨慎、认真。对我们比较关心，有的时候对我们提出一些要求，他一直告诉我们，上帝托付你的事情要好好做。（访谈对象 102）

WP 先生，作为一名来自河南，后来被邀请至 K 市教会创办迦南书画院的画家，提起 W 牧师，亦赞赏有加：

牧师比较有远见，也比较开明，修养各方面全，比较有水平。别人想不到的地方他能想得到，他有海纳百川的气概，不是小肚鸡肠。（访谈对象 212）

另有访谈对象说：

我总结出来，W 牧师组织管理能力确实很强，有凝聚力。（访谈对象 206）

但是，从 1998 年开始在 K 市教会工作到 2000 年正式担任三自会主席这段时间，W 牧师用"一言难尽"来形容当时的境遇："刚从 C 市到 K 市时，不多做，不多说，就观察，因为那时还轮不到你说话，轮不到你做。还有另外一个人负责，我只能打打擦边球"。所幸的是，W 牧师凭借他的眼光、对机会的敏锐把握、对教会活动的热情以及与政府管理部门人员的斡旋能力，带领教会不断地获取新的社会资源，从而走上今天的良性循环之路。

学者们在对中国教会进行考察时都发现了教会领袖的重要作用。如欧阳肃通（2009：286）认为，教会发展如何，关键还是取决于教会组织者的能力和见识。李峰（2004：70）在其研究中也发现，宗教精英权威的获得方式是多元的，总的来说，代表着传统型权威的家庭背景、财产在其中并不占主导地位，而个体的人格、行为、能力及资历则是权威获得主要方式。K 市 W 牧师确实符合这样的情况，家庭背景、讲道水平固然重要，官方的认定也能够为其个人获得教会内的合法性权力奠定基础，但 W 牧师个人的智慧、处事方式，尤其是他在教会最为低迷混乱的时刻带领教会走出困境这样一个完善的结果无疑成为其个人获得威望的最重要途径，这些业绩形成了一种强大的感召力量，他不仅被视为教会领袖，更被视作教会凝聚力的核心。对于好的教会领袖应该做到哪些方面这样一个问题，W 牧师从信仰观、德、行三个方面来阐述自己的观点。

> 信心，信仰上明确，这是对人生发展方向的支撑，对教会发展也非常重要。如果信仰观念发生错误，对教会的影响非常大。德，也是最基础的东西。作为一个教会领袖，这两点是关乎做人。另外一个，做事。人要有能力，这个能力不是单一的，组织协调能力，是最重要的，你的目标制定出来，你要怎么做，协调人也很重要，1+1 要大于 2，要达到这个状况，协调能力非常重要。像我刚来的时候，教堂圣诞节活动，连爬梯子装饰教堂这种事都得我自己来做。现在呢，不需要啦，有专门的牧师都安排好这些工作了，这就是协调。组织协调好，分工明确，责任到人，我们现在都是这样。有这三个方面就应该能成为一个领袖式的人物。（访谈对象 101）

二、一般神职人员

K 市基督教会共有教牧人员 10 名，其中牧师 8 人，长老 1 人，传道人 1 名。这里我们简单罗列一下所有牧师的基本信息。

表 2-6　K 市基督教会牧师基本信息

姓　名	性　别	出生日期	任职时间	宗教教育	职　务
W 牧师	男	1963	1990	本科	K 市三自主席, S 市基督教协会副会长
Z 牧师	女	1965	1990	本科	主任牧师
D 牧师	女	1979	2000	大专	堂委副主任
G 牧师	女	1979	2000	大专	牧师
J 牧师	女	1972	2000	大专	堂委主任
Y 牧师	女	1974	1991	中专	堂委副主任
WL 牧师	女	1974	2003	本科	堂委主任
WK 牧师	女	1973	1997	本科	牧师

资料来源：K 市教会

从表 2-6 可以看出，教会牧长队伍的专业性很强，所有牧师都经过了系统而专业的神学训练，其中 4 人毕业于金陵协和神学院，4 人毕业于江苏圣经专科学校。从年龄层次上看，牧师们普遍较为年轻，W 牧师在访谈中自称是"教会中最老的人"，而其团队中的其他成员绝大多数都是 20 世纪 70 年代生的人。但在性别比方面，即使将长老和传道人放在一起比较，女性仍然占教牧团队的大多数。

笔者看到教会常委会名单时曾经好奇，为什么有一位"弟兄"列居其中，得到的解释是"因为常委会的男女比例严重失调，需要多一位弟兄来平衡"。客观地说，这样性别比例的团队的确给教会事工带来了一些负面影响。站在信徒的角度讲，有一些男性信徒需要向牧师倾诉时往往因为牧师的女性身份而放弃自己的求助行为；站在整个教会的发展角度看，"年轻的女性牧师往往局限于教会内的事工，而缺乏与世俗社会沟通的实践"（W 牧师语）。笔者发现，教会内凡是涉及较为重大的社会性的事务，如建堂手续、与政府的沟通等，几乎都是 W 牧师一人在跑。

> （笔者：是不是教会里这些事务性的都是您在跑）对对对，因为必须你跟人家谈，其他人谈，一个是不认可你，第二个她们几个女的牧师，都说不知道怎么去讲话，社会经验不足。（访谈对象 101）

笔者田野期间对这些牧师和传道人的总体印象是"忙"。我们以负责 ZZ 聚会点的 J 牧师为例，看一看她一周的工作安排。

　　星期一，教会法定休息日，但如果有事情，像昨天，每个月一次的同工学习，ZZ 那边都是做生意的，周日是做生意的最佳时期，他们星期六能关门学习已经不容易，所以每个月一次的同工会议，《圣经》系统学习，他们说星期一旅游的不太多，所以每个月第四个星期一我就得去 ZZ。星期二在三自这边，开会，乐队练习。星期三开始我就下去了，晚上中青年聚会，我住那边。星期四上午在 DSH 乐队学习，下午回三自处理一些办公，星期五我还要到 ZZ，有个老年读经聚会，晚上有 9 个村庄的探访有时候我也要去。星期六要么到 KS 堂办公，要么就到 ZZ 领聚会，星期天又是轮流到各个堂点讲道。（访谈对象 105）

　　那么这么少的牧师如何支撑并维护好整个教会的日常牧养工作呢？这时就需要义工团队来发挥作用。

三、义工

　　随着信徒的增加以及教会各项事工的开展，人才紧缺是中国大陆教会面临的普遍问题，仅仅依赖每年从神学院毕业的学生来充实教牧团队无法完全满足信徒灵性生活的需求以及教会事工的要求。对照各个堂点的牧师与信徒人数，我们发现二者比例一度高达 1:2000。因此，在这样的环境下，教会吸收了一定数量的信徒担任教会义工，由他们来承担大部分的教会事工。这些义工本身有自己世俗领域的工作，他们多是在工作和家庭事务之余到教会进行志愿活动。这些活动无任何物质回报，相反，需要付出自己的时间、精力甚至金钱，约束他们的不是类似于工作契约的有形规定，而是他们内心的信仰法则和对教会事务的使命感与承诺。一位义工这样描述她的服侍心得：

　　　　圣工做做，对自己心灵好得多，心里开心的。这种信仰，不是自己要，自己要舍。（访谈对象 210）

　　笔者在统计各个堂点的义工规模时发现，牧师们对义工的定义并不一致。有的牧师把那些经过神学训练，例如参加过培训班，并且定期定时在堂里担任讲道等事工的信徒理解为义工，即狭义的义工；而有的牧师则把只要参与教会内事务，无论神圣性或世俗性，无论定期或不定期的信徒都叫义工，即广义的义工。这里我们先讨论狭义范畴的义工。

表 2-7 是 DSH 堂的堂委会成员名单，从这份名单中我们可以看出，9 名成员中，只有 3 名为专职人员，其中 W 牧师除了担任 K 市教会主席外，还兼任该堂的主任牧师，但大部分日常教务性事务由 Y 牧师负责，堂里的社会性事务则由 T 姊妹管理。其他 6 名都为义工，他们或负责唱诗班，或负责教会治安，或带领探访小组，但不管具体分工如何不同，这些教会内的工作都是义工们兼职做，他们本身有在社会上的其他工作。

表 2-7　DSH 教堂堂委委员名单

姓　名	性　别	文化程度	工作单位
W 牧师	男	本科	教会
Y 牧师	女	中专	教会
T 姊妹	女	小学	教会
ZY	女	小学	个体户
GJS	男	初中	纸板厂
WYZ	女	小学	退休
ZJF	女	初中	服装厂
SYF	女	初中	个体户
YXY	女	初中	个体户

资料来源：DSH 教堂

因为这些义工在教会内担任着重要的工作，所以对其挑选标准也有一定的讲究，总体看来，义工需要"信仰纯正，乐于奉献，有时间，有恩赐"。

> 带领聚会的，如果《圣经》都看不懂肯定不行。要做讲台工作的，就要参加《圣经》讲解培训。带诗班的，要参加圣乐培训，要做事务性的，每个月也有相应的培训。培训之后可以上岗。最基本要参加 K 市培训，有条件的会送出去培训。（访谈对象 101）

已经退休的 ZMZ 姊妹是 DSH 堂的一名义工，且身兼数职。除了带领祷告见证会、在识字班里教唱外，她还是堂里腰鼓队的负责人。在她看来，教会事工已经成为她与他人进行交往的一个重要途径，在这个信仰共同体里，人与人之间的交往更加单纯，可以深入交往、坦诚交谈。每个星期她的生活安排大致是这样的：

　　　　星期一家里收拾，星期二腰鼓队聚会练习，星期三识字班，我
　　　是在教会识字班才认识字的，识字班里我还教唱，星期四在家里，
　　　星期五祷告见证会，我们教会成立好多年，每个星期五下午 12 点
　　　到 2 点，我带人教唱。有时居委会有活动也会邀请我去唱歌，演滑
　　　稽戏什么的。（教会和社会里活动有什么不一样？）教会里面做一点
　　　我知道这是上帝赐给我的，社会上感觉是老年人没什么事一起打发
　　　时间，在教会里不但给人看，更要给上帝看，是回报上帝。所以心
　　　理上不一样。社会上讲话要注意一点，教会里随便一点，像家人一
　　　样无拘无束。（访谈对象 209）

　　从这里我们可以看出，教会不仅作为一个"灵性"中心，它同时还作为
一个"社会"中心，为信徒个体提供共同体、归属感以及某种与他人相联系
的方式，而这种归属感在信徒看来是世俗社会不曾提供或者较少提供的。

　　除了参与程度较深的义工外，教会内还有一群义工，他们不仅参与神圣
性仪式，也会不定期地加入到教会事工中。一般来说，当教会内开展重大公
共活动，比如培灵会这样的神圣性活动或者低碳环保义卖这样的社会性慈善
活动时，都需要大量的义工参与其中。但这类人群并不固定，如果有的义工
因为家庭或工作的原因逐渐淡出教会侍奉，则成为一般平信徒；而相反，有
的平信徒出于自身的宗教诉求或其他原因逐渐投身于教会事工之中而成为义
工。并且，因为教会内各种团契活动较多，无论是义工还是平信徒，尤其是
那些活跃的平信徒，都可能定期聚会、联谊，互动密切，信徒个体也就经常
游走于这两个不同的群体之间。对于这个流动的群体本文不做重点论述，但
他们同样是教会中重要的人力资源，他们的参与式管理又为教会资源动员能
力的再生产提供了一个运作平台。

　　以上我们分别阐述了在教会内担当主要或一定角色的人力，除此之外，
广大的信徒在信仰共同体内也齐心协力，这可以从他们的日常语言中窥视一
般。基督教一般称别的信徒为"弟兄姊妹"，称自己是"神的孩子"。这种
亲人般的称呼能够加强信徒之间的亲密关系以及对信仰共同体的认同。此
外，"小组化牧养"的建设也将这些零散的信徒有效地组织起来，他们的内
部分享与亲密交往又进一步强化着组织团结，而这些正是慈善行为的主体力
量。

第三节　资金资源：慈善事业的源泉

慈善活动的开展离不开资金支持，具体的，我们需要回答这样几个问题：教会拥有多少资金资源？为了确保资源发挥最大功效教会建立了哪些透明化的监督机制？

一、资金来源

总体来看，K市教会没有属于自己的经济实体单位，其资金主要源自以下两个方面：信徒奉献以及个别堂点出租房产而获得的收入，后者所占比重非常小，因此，我们重点看一下信徒奉献收入的组成部分，大致可以分为三种：

第一种是日常的普通奉献，包括每周的主日礼拜、培灵会、基督教节庆日崇拜等各种团契时信徒的奉献。每个教堂礼拜厅的入口都被放置了一个上了锁的"奉献箱"，如果信徒想奉献就直接把现金投入奉献箱中。

第二种为"基金"奉献。因为教会有两个自己特有的基金，"建堂基金"和"乐队基金"，前者是专为建造新教堂而设，后者则是针对教会中的大小乐队而设。如果有信徒希望专门为建造教堂或者为乐队奉献，则可以将现金交到每个堂点的出纳手中，同时得到一张教会自己出具的捐赠收据，如果是捐给建堂基金，收据上则专门盖上建堂基金的章，乐队基金同理。如果出纳不在，则请在堂牧师转交，牧师也会写一张收条交给信徒作为凭证。除了这样的递交形式外，信徒如果不愿意通过他人（如出纳或牧师）则可以将现金单独装入信封，并写明捐款事由，投递到奉献箱中。

第三种为主题奉献。主题奉献分为定期和临时两种。每年一月份的第二个主日为教会爱心奉献日，这一天的所有奉献款专门用于一个公益项目。这几年K市教会的爱心奉献是围绕资助一名缺乏生长素的孩子。另外，教会每年还会举办两次资助神学院的主题奉献。除了这种定期的主题奉献外，还有一些临时性的，如突然发生灾害时，教会里也会组织奉献活动。

通过各堂点每周粘贴于教堂大厅墙壁上的财务报表，笔者跟踪到2009至2012四年各堂点的财务收支情况。根据规模大小，笔者挑选其中的五个堂点：规模较大的KS堂和DSH堂，规模中等的ZP点和QD点以及规模最小的JX点为代表，总体把握各堂点的"宗教活动收入"变化。这里的"宗教活动收入"即为信徒的奉献款，包括了上文所提到的普通奉献和主题奉献两种形式（乐队基金、教堂基金在单独的账户中不在此财务表中反映）。

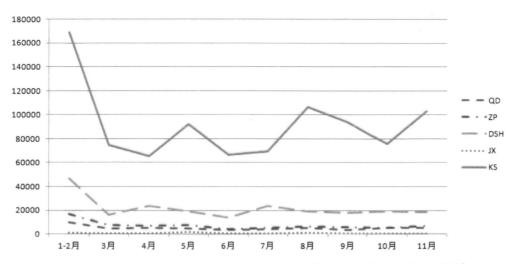

图 2-1　2009 年 K 市基督教五个堂点的"宗教活动收入"曲线[10]

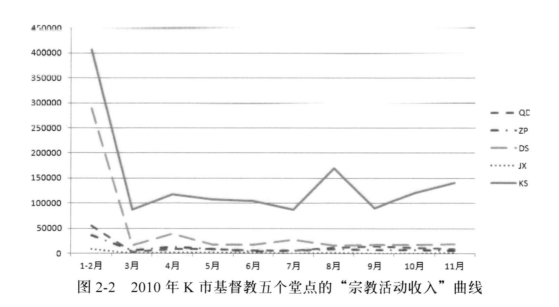

图 2-2　2010 年 K 市基督教五个堂点的"宗教活动收入"曲线

10 每年的 12 月是教会财务上的结账月，本月收入并入下一年的 1-2 月份收入中。因此，表中所体现的 1-2 月份收入实际还包括了上一年的 12 月收入，而 12 月正是基督教的重大节日——圣诞节所在月，因此，1-2 月的收入会明显高于其他月份。笔者主要以 3-11 月的收入变化情况为描述对象进行分析。

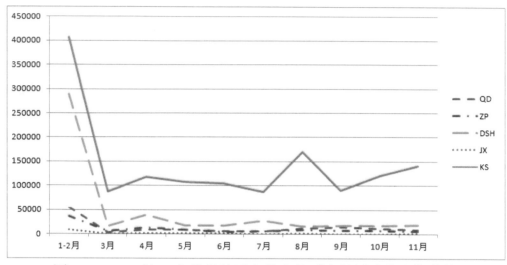

图2-3 2011年K市基督教五个堂点的"宗教活动收入"曲线

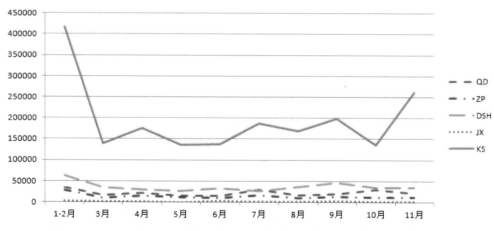

图2-4 2012年K市基督教五个堂点的"宗教活动收入"曲线

表2-8 2009-2012年K市基督教五个堂点年奉献收入　　　单位：元

	QD	ZP	DSH	JX	KS
2009年	51,376	73,785	218,254	8,730	917,249
2010年	135,987	102,375	478,190	16,795	1,433,966
2011年	183,039	102,398	259,576	14,198	1,635,062
2012年	220,500	136,340	367,432	20,916	1,958,722

资料来源：K市教会

总体来看，各堂点的奉献收入与信徒人数比例大致相当，具体表现为，信徒最多的 KS 堂和 DSH 堂所得奉献收入也最多，其中，位于市区的 KS 堂的收入又比位于农村的 DSH 堂占有明显优势。2009 年到 2012 年，各堂点的奉献款都在逐步递增之中。例如，QD 点 2009 年全年收入为 51376 元，2012 年全年收入则增加到 220500 元；JX 点虽然规模最小，其 2009 年全年收入仅为 8730 元，而 2012 年也增加了 1.5 倍左右。这些变化与信徒人数增加、信徒经济收入提高、信徒的奉献意识增强有密切关系，此外，遇到特殊的重大事件时，各堂点的奉献款也会出现波动。例如，2010 年初西南发生干旱灾情，财务表中反映出的奉献款就有了明显增加。

如果按前文统计的礼拜人数来计算人均奉献款，各堂点则呈现出较大的差异。以 2012 年为例，各堂点人均奉献款从多到少依次为：KS 堂（1305 元/年/人）、ZP 点（681 元/年/人）、QD 点（490 元/年/人）、JX 点（261 元/午/人）和 DSH 堂（183 元/牛/人），这一趋势变化与各堂点所在地区的经济发展程度、信徒的职业构成、年龄结构密切相关。例如，以企业为主、打工青年居多的 ZP 点在人均奉献量上自然要比以务农为主、多为老人聚会的 DSH 堂要多。

二、资金监督机制

完善的财务管理及监督机制是维持宗教组织的社会信任及确保永续经营的基础。财务透明化、管理规范化是资金资源长久的有效保障。因此，教会具体采取了哪些措施保障资金透明化呢？从访谈来看，教会在资金管理规范方面比较重视，用牧师的话说，"钱管的清楚，我们自己也轻松"。首先，教会有明确的财务制度：

财　务　制　度

堂、点经济收入（包括信徒主日奉献、专项奉献以及房屋出租收入），账目由市基督教三自爱国会统一做账。做好各堂、点的每月报表及年终报表并按时公布。

信徒奉献一律投入奉献箱内，教牧人员和堂委主任不经手信徒奉献，不担任出纳或主办会计。凡属整笔捐款，由会计开出收据入账。搞专项奉献，必须报请市三自爱国会批准后方可进行，并要建账立据。

指定专门三人以上负责开奉献箱和清点奉献款，清点完毕后，按票面登记入账，交出纳会计复核后，清点人签字作奉献款收入原始凭据，并由出纳会计将奉献款存入由市三自爱国会指定的统一银行账户。各堂、点只设出纳会计一人，所用报表、收款收据、奉献款清点单、以及账本和报销凭证均由市三自爱国会统一印制。

报销支出必须为有效单据（即正式发票或正式收据），免不了的白纸条，必须有经办人、证明人和审批人签字方可报销。各堂、点的支出在 500 元以下，由各堂、点堂委会研究决定；各堂、点支出在 500 元以上，须经堂委会研究报市三自爱国会批准后方可进行。各堂、点的每月经济收入 10%上交市三自爱国会。

实行"一支笔"审批制度，堂、点经济由市三自爱国会所聘任的负责人（堂委主任）审批。两堂周转金各为 3000 元，聚会点周转金各为 1000 元。每月 10 日为堂、点出纳会计报账日。

具体实施办法按教会制定的财务细则执行。

该财务制度不仅规定了教会财务的整体管理架构，对于一些日常涉及资金的操作环节也给予了具体的技术性规范，例如，如何开具收据以及对于奉献箱的管理。具体操作中，对奉献箱的管理规范非常细致严格。各堂点每次聚会结束开启结清，由三个以上的人同时拿出来，然后装进专门的带锁的盒子，再锁进会计的保险箱。这三个人开不了保险箱，会计即使有保险箱钥匙也开不了专门的这个盒子。W 牧师认为，"我们要在每一处细节都把好关。因为人都是软弱的，如果你给人提供了一点点机会他都可能受到诱惑。"

除了做好内部把控外，各堂点每个月还会把自己的收入支出表粘贴于大堂门口，表的下方附有负责人与制表人的签名。下面仅以 2012 年 11 月 KS 堂的财务报表为例。

表 2-9　2012 年 11 月份宗教团体经费报表

2012 年 11 月 30 日

编报单位：KS 堂　　　　　　　　　　　　　　　　单位：元

资产部类	借 方		负债部类	贷 方	
	本月数	期末数		本月数	期末数
一、资产类			二、负债类		
现金	-7622.8	6141	暂存款		
银行存款	253743.15	5091494.68	借入资金		

其中：1、农行	253743.15	5091494.68	暂收款		
2、专户			应付帐款		193697.2
3、					
应收帐款		794099.9	负债合计		193697.2
暂付款			三、净资产类		
库存		10237.4	结余		4546682.97
固定资产	7500	755532.45	专用基金		
			其中: 福利基金		
资产合计	253620.35	6657505.43	培训基金		
五、支出类			固定基金	7500	755532.45
上交上级支出		789784	住房基金		
补助下级支出			净资产合计	7500	5302215.42
专项工程			四、收入类		
宗教活动经费	424	20535.2	上级补助收入		
生活、津贴费			下级上交收入		
福利社保费			宗教活动收入	262350	1958722
办公费		1912.5	房租收入		
邮电报刊费		42	门票收入		
水电费	3689.85	36490.19	销售收入		
差旅费			专项收入（养老自负）		217789
车辆维修、燃料费			经书流通收入		
会务、招待费		260	利息收入		
修建费		2855	其他收入	50	1760
设备购置费	7500	102310	赞助款		
福利医保费			善助款		
食堂费用					
其他费用	4665.8	56441.3			
培训费		6048			
支出合计	16279.65	1016678.19	收入合计	262400	2178271
资产部类总计	269900	7674183.62	负债部类总计	269900	7674183.62

资料来源：K 市教会

透过表 2-9 我们可以较清晰地看到堂点的财务收支情况，该堂点当月的收入（宗教活动收入本月数）、当年累计收入（宗教活动收入期末数）、银行存款、当月支出明细如水电、招待、设备配置等详细地列于其中。信徒如果对于表中的数字有疑惑还可以向堂点负责人咨询。通过该表我们也可以看出，教会所得的收入需要用于多种事由的支出，如教堂的日常维护、活动经费、教牧人员的福利待遇等。比较遗憾的是，我们无法通过这张表格单独考究教会每个月的慈善开支，据财务人员的介绍，像"爱心日奉献"这样的慈善专项资金在"上交上级"这一列中，但同时这一条还包括各个堂点奉献给三自的"行政费用"；而"宗教活动费用"既包括各个堂点用于慈善的经费，也包括其他行政开支。

三、资金动员潜力

行文至此，我们对教会所拥有的资金资源有了一个静态的把握，那么，教会在资金动员方面的能力究竟有多大呢？我们以 DSH 建堂为案例，看一看教会在资金动员方面的能力究竟如何。

笔者田野期间，整个 K 市教会聚焦的一件大事就是 DSH、ZZ 和 HQ 三个堂点的新堂建设。其中，HQ 是拆迁重建，ZZ 建堂的筹备也较为顺利，而面积最大、涉及资金量最多的则是 DSH 堂。据牧师介绍，DSH 新建教堂总预算为 3000 万，这样一大笔资金，主要依赖于信徒的奉献。因此，DSH 堂每周专门举行一场建堂祷告见证会，同时在主日礼拜的时候牧师们也会在讲台上动员大家为"神的殿堂"添砖加瓦。笔者以 2010 至 2013 年第一季度的奉献款为例，通过比较 DSH 堂与 KS 堂的奉献款数额，我们可以看出，信徒在奉献资金方面的巨大潜力。KS 堂的建堂基金平稳中略有波动，而 DSH 堂则因为建堂日期的临近资金量直线上升。有一次，笔者在主日聚会结束后在 DSH 堂财务室坐着，将近半个小时内，陆续有信徒过来做建堂奉献，少的一两百元，多的一两千元。

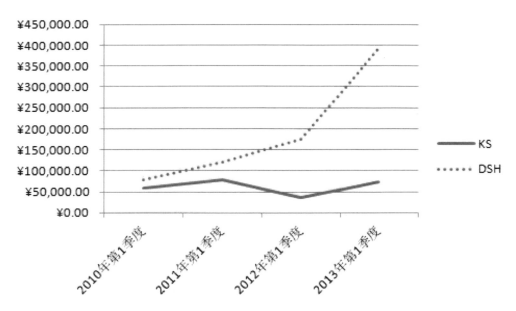

资料来源：K 市教会

图 2-5　KS 堂与 DSH 堂建堂基金比较

截至笔者田野结束，DSH 堂的建堂资金仍然面临大约 2750 万元的大缺口，而 W 牧师在访谈中很白信地说出了自己的计划：

> 我们保守估计，全市有信徒 13000 人。我做了一个分层的统计：3 年捐赠 10000 元的信徒大约有 1000 人；3 年捐 5000 元的信徒至少有 1000 人；3 年捐 3000 元的信徒大概有 2000 人；3 年捐 1000 元的信徒大概有 4000 人；3 年捐 500 元的信徒至少有 5000 人。这个数字还是比较保守的。另外还有一些企业公司，自己不信家里有人信，就以公司名义，几万几万地捐。我们还有一些基督徒老板，生意规模比较大的，我们也会发动。现在很多弟兄姊妹已经在准备资金，一个人 1 万可能多了，三个人可以凑 1 万。实在不行，我们可以问信徒借。所以资金这块，我们不是很担心的。（访谈对象 101）

有过在其他地方成功建堂经验的 W 牧师对于这份筹款计划非常有信心。但他也坦言，目前主要还是依靠信徒，企业捐助的比例不会很大，这与国家对宗教慈善的政策有关。虽然《关于鼓励和规范宗教界从事公益慈善活动的意见》一文中对宗教慈善给出了支持性的态度，但是对于慈善捐赠免税方面仍然没有明确的规定。有学者呼吁"让法律实体地位助推宗教公益慈善事业'腾飞'"，他认为宗教团体缺乏对社会慈善捐款的免税资格导致了宗教团体慈善受限，对社会的慈善捐赠没有明确的免税资格，虽然宗教团体在信徒中有很大的公信力，然而在向信教企业家募捐的时候，这些企业家只能以个人名义捐助少量资金，而不能以公司名义进行捐赠，主要原因在于通过慈善机构捐款可以免税或抵税，而捐给宗教团体享受不到任何优惠（张志鹏，2013）。

四、慈善资金

慈善资金，作为教会资金资源的一部分，主要分为定期和不定期两种。所谓定期，例如，教会内部的爱心基金、神学基金；除此之外，当遇到重大自然灾害或者有特别需求的时候，教会也会专门发动主题捐献。表 2-10 是笔者从教会财务账本上摘抄整理出来的数据，为 K 市教会 2008 至 2011 年的慈善公益活动资金支出表，但并不包括各堂点自己零散开展的慈善活动资金。

表 2-10　K 市基督教 2008-2011 慈善公益活动资金支出表[11]　单位：元

年　份	2008 年		2009 年			2010 年		2011 年	
活动及堂点	汶川地震	神学基金	爱心基金	台湾台风	神学基金	玉树地震	神学基金	爱心基金	神学基金
SPU 点	9193	656.5	1439.5	1000	1400	4633	2167.5	2424	5313
KS 堂	91676.5	26490	26580	10000	29835	55590	55590	50695	43990
QD 点	8589.5	497.5	1004	1000	1202	3925	3376	2555	5664
DS 点	125700	-	-	-	-	-	-	-	-
LJ 点	12668	1766	3762	1000	3611	7182	7725	6984	5422
JX 点	1337	166	49	1000	297	646	749	434	419
DSH 堂	42202	4448	10295	3000	7500	19205	8910	7094	8210
ZP 点	10075	785	1715	1000	965	4900	1450	2270	2580
HQ 点	3246.2	1096.6	1866	1000	1750	3972.8	3184.8	1460.3	3119.6
SPA 点	3911	1292	455	1000	2663	1474	2439	2459	920
ZZ 点	5633	666	2207	1000	2663	2585	3679	2860	10267

11 1.2009 年中，KS 堂和 DSH 堂的汶川地震奉献款为两次累计。DS 点后被合并进 ZP 点，故 2009 年后不再单独统计。2.神学基金专指定向资助金陵协和神学院和江苏圣经专科学校的基金。

市三自		为金陵协和神学院神学生买书：20000	爱心基金：20000 孩子：50000 江苏圣经专科学校：50000 金陵协和神学院：50000	赠省两会钢琴：20000 助养：7425 贵州教会：33150

资料来源：K市教会

　　同样是慈善资金，教会与一般公益组织呈现稍许不同之处，主要有两个原因。第一，一般公益机构在获取资金资源时相对处于一个不太稳定的状态，因为其潜在捐助者的范围广而分散，而教会，因为拥有一个庞大且相对固定的信徒群体，所以其资金资源更加稳定、持久。第二，有学者发现佛教从事慈善公益活动的专业性缺乏（André Laliberté，2012:111），基督教会也面临相似的问题，突出表现在教会在慈善资金使用的监督以及透明化方面还显得不够专业。这一方面与慈善活动的开展深度有关，也与其宗教性特征，或者说信徒对宗教组织与生俱来的信任有关，这些特征造成教会慈善事业与现代公益组织的规范性要求之间存在一定矛盾。

　　例如，表格中反映出来的慈善资金，多是通过第三方，无论是爱德基金会还是中国红十字会这样的第三方渠道捐赠出去。对教会而言，这样操作起来简单，但是教会在这种捐助行为中较为被动，受益人的选择、资金去向乃至监督权方面都很难履行，而针对受助方的持续性帮助也无法展开。此外，针对奉献款的去处问题，当笔者向信徒问起是否关注这些资金去向时，是否担心教会挪用奉献款时，信徒们表现出对教会组织的完全信任。围绕资金透明度的问题，信徒们有他们自己的解释，"他们（指教会负责人）对上帝交代"，甚至有些信徒认为对教会产生疑问是个人信仰上的不坚定。以下这段小座谈中的对话很好地反映了这个问题：

　　笔者：捐给教会和捐给社会上的慈善机构，二者有没有不一样的呢？

　　T姊妹：可能捐给教会更放心，更好。

　　笔者：有没有想过，这个钱有没有用到该用的地方，产生这样的疑问？

　　何姊妹：只要把自己的一份心尽到了就行了，其他都不管了。

　　陈姊妹：会的，现在外面已经有人开始会这样多想一想了。

其他人：怎么会这样想啊。

陈姊妹：哎呀，你们不在社会上，你们不知道。

笔者：比如郭美美这样的事件出来后，会不会担心钱糟蹋了。

何姊妹：那毕竟是少数，而且我们是教会。那些怀疑别人的，

肯定是信仰上不坚定的人。（访谈对象203、204、205）

不可否认，信仰共同体为信仰成员提供了持续的沟通、交流机会，这种沟通交流形成了信徒个体之间以及信徒对宗教团体的信任关系。但是这种坚实的信任关系又对宗教慈善公益事业带来了一些负面作用，即宗教慈善行动领域同现代公益事业领域之间存在着一些差异性的规范要求和运作逻辑，现代专业标准和制度在宗教的伦理标准和制度规范面前显得有些力不从心。从长远来看，为了提高宗教公益活动的质量，专业化、资金问责等符合现代合法性要求的机制也应被适用于教会慈善行动中。

第四节　关系资源：世俗领域的探索

一、关系也是一种资源

关系也是一种资源（王铭铭，1997：69）。当我们考察资源时，资源的数量和资源的关键程度是两个重要的维度。某种资源，即使在总投入中只占有较小的一部分，也有可能对组织非常关键（杰弗里·菲佛等，2006：52）。关系就是这样一种看似数量不大但可能起到很大作用的资源。

对于中国情境下的"关系"，众学者都有过非常精辟的论述。例如费孝通（2003：26）先生提出差序格局的概念，形象地概括了中国传统社会的社会结构和人际关系的特点：我们的格局不是一捆一捆扎清楚的柴，而是好像把一块石头丢在水面上所发生的一圈圈推出去的波纹，每个人都是他社会影响所推出去的圈子的中心，被圈子的波纹所推及的就发生联系，每个人在某一时间某一地点所动用的圈子是不一定相同的。梁漱溟（2007：72）先生认为英、美社会是"个人本位"社会，苏联是"社会本位"的例子，而中国两者都不是，它是个"伦理（关系）本位"的社会。在杨美惠（2012：1）那里，"关系"一词表面上看是客体、权力和个人之间的"一种关系"。它用在人与人之间的关系上，不仅可用于夫妻、亲属和朋友的关系上，也有"社会联系"的意思，这种双向关系建立在潜在的（而非明显的）互利的基础之上。

一旦两人之间建立了关系，一个人就会抱着将来某个时候回报所接受的好意的想法，来要求另外那个人帮忙。黄国光（2011：18-19）在研究人情、面子与中国社会的运行机制时指出，在像中国这种关系取向的社会里，个人所拥有的社会关系也是一种十分重要的权力。

二、教会拥有的关系资源

通过访谈，笔者认为，教会揉合了费孝通先生所说的以西方社会结构为特征的"团体格局"和以中国为代表的"差序格局"。教会作为一个信仰共同体，团体界限分明，但也不排除以个人为中心的关系网模式，并且这种关系网直接用于教会发展，包括宗教慈善动员的过程中。尤其当我们考察教会如何通过各种"关系"动员政府方面为自己开展慈善活动保驾护航时，这种关系资源显得尤为重要。

W牧师坦言他非常重视与政府关系的建立、维护，他认为，教堂虽然是一个相对独立的场所，但是并不表示与社会完全隔绝，相反，从争取土地建造教堂，到教会社会性事务如慈善，都离不开与政府的互动。谈到互动，他非常强调要积极、主动，"经常走动，关系好的乡镇，教会办起事情更加容易一些。"

> DSH信徒多，本身镇里比较重视，有事情我们就去谈，互相走动。前任书记，包括上上任镇长，大家都很熟。每个礼拜四我只要到DSH镇，就打电话给他们："你在不在？在我就到你办公室坐一坐。"他们就开心，说牧师经常到我这来坐坐的。所以，你经常跟他沟通，机会成熟的时候他就会帮你。（访谈对象101）

W牧师除了以教会领袖的身份与政府官员打交道外，他个人的S市人大代表的政治身份也为他赢得了一定的关系资源。由于教会领袖个人同时深处几个不同的群体——既作为教会的领袖，同时又是S市人大代表，每一个群体中都相应的形成一张关系网，置身于不同的群体就会置身于数张不同的关系网中。因此，一个人认识的人越多，他的人际关系网络就越宽泛；认识的人越有权力，其人际关系网络的运作能力就越强，或者说就具有越强的办事能力（孙翠玉，2008：113）。W牧师就通过这样的关系网为教会带来更多的资源与权力。

隔壁镇的书记，我们都是 S 市人大代表，都认识，所以说这个关系很重要。当我知道他调到 ZZ 镇后马上打电话给他，我说什么时候来拜访你，他问我有什么事，我直接说要土地。这个就很直截了当地说。后来手续办的有点慢，我跟他反映了下，他立刻吩咐下去，书记一吩咐，立刻速度就快了。后来我跟他们镇里一个领导说，以前我们在 ZP 镇这些手续都是镇里帮我们跑的，他一听这个话，立刻说会专门派一个人帮我们办……要编织这些关系网。掌握这些信息跟我们教会是息息相关的，如果是我们认识的朋友，事情就好办多了。（访谈对象 101）

中国社会的构成、运作及个人的生活、家族的荣耀、社会的流动等离不开人情的运作，并且个人一旦接受了关系网内的其他人的人情，一有机会，一定要设法回报。因此，W 牧师与当地政府管理者的关系并非单一方向的"拉关系"，他也非常注重关系的管理。所谓管理，如给予他人恩惠，发展共同兴趣，增加想法、情感交流等（曾国权，2011：98）。笔者曾经问牧师，在打交道的过程中是否需要给领导送礼，他笑着回答"还真没有送"。但教会仍然需要做一些工作满足政府的期待，在第五章中我们会详细谈到这一点。

通过以上几个例子我们可以看出，虽然教会是一个相对独立的神圣共同体，但它仍然需要与世俗世界交往沟通，在这过程中，关系已经变成了一个与其他资金、人力并列的非常重要的资源。尤其教会可以利用关系解决那些用正式制度规则解决不了或难以解决的问题，也能够获得制度性渠道获取不了的资源。

教会具体采取的策略是先积极主动地沟通，把一种工具导向的关系加入感情元素而演变成混合性的关系，从而取得政府的信任和认可，在此基础上，再进行进一步的活动。诚如李向平（2011：146）所言，基督教信仰的实践方式或者与社会的关系，绝不是一种单兵突进的关系，它必须牵涉到注重宗教信仰关系，必须处理好这些周边的关系，基督教才能成为中国的宗教。

但是目前 K 市教会所拥有的这些关系资源也面临不足的困境，具体体现在关系维度比较单一，主要依赖于教会与政府的互动，而媒体、企业参与其中的机会较少，且目前已有的关系资源主要基于教会领袖个人的政治身份而形成，可持续性有待考证。

第五节　本章小结

学者曹南来（2010：24）在谈到中国宗教实践中的主体性和地方性时特别强调对地方社会历史和文化背景的重视，他认为以调查与访谈为主的社会学实证研究往往对地方社会历史和文化背景以及区域差异进行淡化处理，甚或出于研究伦理的考虑而完全略去所在城市或地方的背景。这种去框架化分析的结果只能提供"海市蜃楼"般的图景，而远远不能触及"真谛"。因此，本章的第一节主要试图围绕这一主题做一些梳理工作，即通过对教会所在社会生态环境的研究，为理解今天的教会发展以及中国基督徒自身的意义建构提供一个较为完整的外部框架。在此基础上，笔者进一步探讨了教会今昔变化，希望可以为我们理解教会今天的组织决策、慈善事业开展做一个很好的铺垫，即特殊的处境化促进了教会自身的决策行动。

首先，K市正经历着快速的城市化过程，在此过程中有一些显著的特征，这些特征与教会发展、各项事工也密切相关。例如，随着生活水平的提高，信徒有了更多的可支配收入和闲暇，由此教会奉献款增多，义工团队随之扩大。同时，外来打工者的增多，也给教会围绕这一信徒群体的牧养工作提出了挑战。

其次，和其他城市教会发展历程相似，K市基督教也先后经历了拓荒、坎坷、走出幽谷的阶段。总的来看，落实宗教政策以后，教会发展经历了两个时期：1984年到2000年，教会处于重建、恢复阶段，这个时期主要任务是恢复教产、制定教会各项规范的时期，但这一时期的突出矛盾是信徒激增而教牧人员青黄不接，牧养工作困难，教会内部，尤其负责人之间存在权力争斗。2000年以后，教会各项事工逐渐走上正轨，具体表现在教牧团队的增强，牧养方式的改善，信众灵性修养的提高，但教会除了面临和应对这些"城市化过程中教会必然面临的挑战"[12]外，它还有自己独特的处境化困境——佛耶张力，或者说是基督教与民间信仰的张力，这种张力不仅是作为客观存在，同时更重要的，它会直接影响教会的生存策略。

如学者指出的，社会位置不仅影响了用于界定不满情绪、机遇和集体认同感的意义的建构，而且同时也影响到了获得特定类型资源的可能性（艾尔

---

12 高师宁总结城市化过程给基督教带来的变化，如教会规模扩展，信徒人数快速增加；教会类型多样化；教会活动多样化；信徒结构多样化等。参见高师宁，《城市化过程与中国基督教》，《宗教学研究》2011年第2期，第118-119页。

东·莫里斯等，2002：24-25）。教会为什么如此重视慈善事业？教会为什么会形成三统一的组织架构？本章有关教会所处外部环境和教会在当地的历史发展脉络的研究有助于我们为这些疑问找寻答案，以进一步理解教会集体行动意义与社会结构之间的交互作用。

本章的第二节到第四节详细描述了教会资源的构成情况。研究发现，教会主要拥有人力资源、资金资源和关系资源。

首先，教会内部拥有较为丰富的人力资源。从神职人员到义工，大家各司其职而又通力合作，这些宝贵的成员一方面作为开展慈善活动所必需的成员资源，同时他们作为主体也成为资源动员的媒介途径。

其次，就资金资源而言，近几年教会财务收入逐年增加，财务监督机制也较为完善，但对于慈善资金的去向的跟踪还与现代公益的要求有差距。

最后，作为一个关系本位的社会，教会努力在其与世俗世界发生交集过程中争取关系资源，试图达到世俗资源的神圣化作用，即借世俗力量为宗教服务。但目前 K 市教会所拥有的关系资源主要基于教会领袖个人的政治身份而获得，其可持续性有待进一步验证。

第三章　慈善资源动员机制

　　资源动员理论认为，除了资源总量以外，资源的组织化程度也是决定一项运动成败的关键，组织化程度越高，成功的可能性越大。资源动员理论家倾力研究社会运动组织的运作过程和机制，比如网络的建构、成员资格的确定、领袖的产生、行动的策略等。

　　慈善资源是基于道德情感基础为他人自愿投入或奉献的时间、技能、物资的集合，其汲取与输送的过程是社会公众道德爱心与社会责任的体现，不具有市场领域中自我利益最大化的驱动力，是需要动员与激励机制的（朱力等，2012：62）。因此，在上一章我们分析了教会拥有哪些可能有助于慈善行为的资源的基础上，本章我们将重点考察动员机制，即教会如何把这些神圣与世俗资源置于集体控制之下，利用其资源来追求明确的集体利益目标。具体的，笔者将从神圣动员、框架动员、组织动员和外部动员四个方面来详细解析，以回答这样几个具体的问题：教会是如何理性地组织和动员这些资源的？他们采取了哪些策略？从此过程中可以进一步检视教会作为主体的行动策略。

第一节　神圣话语动员：来自《圣经》的启示

　　魏德东（2008：238）在对多种宗教现象的观察中发现，很多宗教都开展了慈善公益事业，各个宗教中丰富的利他、助人的教义都为信众参与慈善公益提供了理念、文化上的支援，如佛教的布施理念，主张"无缘大慈，同体大悲"；基督教的"邻人之爱"，主张"作盐作光，荣神益人"；伊斯兰教的"两世并重、两世吉庆"以及道教的"齐同慈爱、济世利人"……这些体现了宗教核心价值的思想一旦外化为广大宗教徒的具体社会行为，就构成了宗教服务社会的实践所在。宗教界开展公益慈善活动，通常是以其"社会关怀"来表达其"终极关怀"，是基于其"价值理念"而得以体现的"工具理性"（卓新平等，2012：32）。由此我们可以看出，价值理念，在宗教领域尤指宗教伦理，为宗教慈善奠定了深厚的精神动因。

一、《圣经》的启示

毕素华（2006：55-59）在考证基督教的慈善观时发现，犹太教的公正观念以及希腊文明中不计报偿的慈爱观奠定了基督教的慈善观基础，前者认为强人有责任提供公正并保护穷人，并由此形成了西方文明中的"不平则鸣"的传统，而后者意指某人拿出自己的东西通过直接或间接的方式帮助别人，这种行为，不仅是物质的给予，是不计回报，而且体现给予者对神的爱。

此外，《圣经》是全世界信仰基督耶稣的人尊奉的宗教经典和信仰权威，它是教会和基督徒感悟和理解其社会使命首要的和最终的权威依据。因此，《圣经》中的很多启示不仅要求信徒有观念上的信仰，而且也普遍要求其有行为上的实践。我们先来看一下《圣经》中关于"爱"、"慈善"是如何阐述的：

旧约律法的总纲是"爱神"与"爱人"（太22：37-40），新约则更强调用爱"看得见的"人来体现爱"看不见的"神（约壹4：20）。旧约众圣仆多次教导人们当"怜悯贫穷"（箴14：31）、"帮补穷乏"（申15：7）、"扶持孤寡"（诗146：9）等，而新约中耶稣则用一个"好撒玛利亚人"的故事将"爱邻舍如同自己"及"有爱无类"的伦理阐述得十分清楚（太19：19、路10：25-37）。《新约》马太福音中还有关于善行的具体描述："因为我饿了，你们给我吃；渴了，你们给我喝；我作旅客，你们留我住；我赤身露体，你们给我穿；我病了，你们看顾我；我在监狱里，你们来看我……我实在告诉你们：这些事你们既作在我这弟兄中一个最小的身上，就是作在我身上了。"（马25：35-40）

关于具体该如何行善以及行善中需要注意的原则，《圣经》中也有启示。如《圣经》倡导做好事不留名、不要计较世俗回报的低调作风："不要在人面前表露你的善行……否则你就不会获得你在天的父的回报。"（马6：1）

"当你做善事时，不要让你的左手知道是你的右手做的。"（马6：3）另外，提起慈善，很多人认为富人才有能力做，对于这个误解，耶稣用富人和穷寡妇的比较传达了他的理解："我实在告诉你们，这穷寡妇投的比众人还多：因为众人都是自己有余，拿出来投在捐项里，但这寡妇是自己不足，把他一切养生的都投上了。"（路21：3-4）

这些经文所强调的正是基督徒的社会服务和社会关怀，并且这种关怀并不限于教会内的慈善事工，而已经扩展到不分信仰背景的所有人群之中。其中，《圣经》明确告诉信众，一个信徒对他人的帮助，实际上正是在实践或活出自己对上帝的信仰。当牧师和传道人将这些经文反复讲解给信徒后，这个观念就成为一个重要的价值观，影响到信徒的行为和生活，从而产生和释放社会参与和服务的能量。但是有了《圣经》中的这些启示，信仰基督教的人和团体是不是一定会对这个问题很重视呢？

坦白地说，事实并非如此简单。因为这一问题与各个教会对自己在现世的使命的认识有关。原则上说，从事社会关怀的教会团体常常把自己在现世的使命定位为传福音、服务和见证。但是也有一些教会尤其是那些小型的独立教会、非宗派教会则往往更为重视直接的传福音，为周围社区提供一些表达爱心的服务则被放在次要位置。对基督徒来说，这种观点意味着把这个世界分为神圣和世俗两个王国，把教会的讯息限制在"宗教"王国。一些人主张教会应该仅仅管理有关"灵魂"的事情，从事个人对个人的布道活动足矣，社会经济政治生活领域不是教会的责任范围和兴趣目的所在；还有一些人认为社会经济政治领域不是教会的专长，因为教会神职人员没有接受过相应的专业训练，不懂得如何理解和分析社会问题，更不知道如何解决社会问题（王美秀，2006，3-4）。

目前在大陆的建制教会中，基本以肯定社会服务、愿意参与慈善为主基调，这一方面源于他们对《圣经》的理解，对信仰实践的肯定，同时也与政府的推动不无关系，关于后一点我们将在后文重点阐述。但是，虽然依据统一的经文，牧师与信徒也可能产生不一样的想法。例如有关"十一奉献"，在《圣经》中，"十一奉献"被明确提出并指向两个用途，其一是供养那些专门从事宗教事务的祭司们（利27：30），即没有世俗工作而专门侍奉神的人，其二是周济穷人（申14：28-29）。这些训导为基督教开展慈善奉献提供了基础性指导。但对于十一奉献是否必须，教牧人员与信徒都有各自的看法。

> 我们这主要是主日奉献，也叫十一奉献。十一，你说规定也没有这么规定。（访谈对象 102）

> 肯定要奉献的。但对一个刚信了耶稣的人，就要求他十一奉献，可能比较难。因为很多刚信的都是穷的病的。总体，量力而行吧，按照你自己的力量，奉献是一定要奉献的……有时"爱心公益基金"的人在教堂里呼吁，我想到多少就奉献多少。（访谈对象 210）

> 以前是一个星期一次，现在是一个月一次，我按收入 1000 计算，就奉献 100 元，十分之一。教会里面建教堂，另外根据自己的实力再奉献。（访谈对象 209）

二、讲台上的动员

有关爱、分享的教义，一方面信徒是通过自己研读《圣经》习得，但更多的是依靠教牧人员在讲台上的宣讲，牧师们或引用《圣经》语句，或用身边以及新闻报道中的生动例子讲给信徒听。

> 奉献，讲道的时候都会说基督教是爱的宗教，所以当我们说到有什么地方需要帮助时，大家都很乐意。（访谈对象 106）

> 引《圣经》里面的话，用《圣经》的话语，讲我们要互相帮助，彼此相爱，看到有需要的你就要愿意与人分享，这个在讲道时肯定要讲的。（访谈对象 102）

牧师在讲台上宣讲奉献看起来是义不容辞的事，但宣讲的频率以及奉献的内容还有特别的讲究。例如，频率问题需要特别谨慎，频率太高了，信徒会反感，频率低了，信徒又不重视。这一方面依据每年慈善筹款的次数，另一方面还要靠教牧人员自己拿捏准当。

> 关于奉献，我们讲的不是太多，但也不能不讲，不讲弟兄姊妹就没有这个意识，讲太多了信徒又有点反感，会说"牧师怎么老讲这个？"信徒不需要你太频繁地讲，但你不讲又不行，这里面有个尺度。（访谈对象 105）

除了宣讲的频率外，慈善筹款的内容也有考究。访谈之前，笔者以为如果教会中有特别困难的信徒或家庭，牧师会在主日礼拜的讲台上发起呼吁。访谈了解到事实并非如此，甚至教会内部有规定，不允许牧师以讲台公开宣传的方式为信徒个体或家庭筹款。但实际情况是教会中往往不乏这样的需要帮助的案例，那么教牧人员多采用的解决方式是自己或其他信徒在非正式的场合以自己的名义给予受困者帮助。

> 针对单独的某一个信徒的困难我们不会在讲台上讲，我们个人可以帮助他。（访谈对象106）

> 至于你说的贫困信徒，我们一般不会在讲台上讲。我们有探望小组，的确也会遇到很多事情，那就照着自己的能力，为他们做一点吧。教会这边不大会（集中帮助），除非有特殊情况，我们不会说为哪个特别贫困的信徒捐献，这个三自会有规定的。这个人说他有难处，也许换了一个，那人难处更大。所以公开地说，不太好。（访谈对象105）

对于这种不成文的规矩，W牧师主要从教会整体的角度，从专业性、公平性和效果三个方面予以解释：

> 如果是专门帮助某一个教会信徒，一般通过爱德基金会来做，因为身处教会，做这样的事，会带来不一样的结果。信徒认知不一样，有的说我家里突然遭受难处，教会发出呼吁，本来一件好事，可能造成不好的结果。今天张三，明天李四来，哪天王五来了，你不能有偏颇。有些信徒可能不理解说"教会不讲爱心"。所以我们把这个问题要搞清楚，由专门一个组织来做。教会可以提供资源，爱德基金会有经验，他要考察，要评估，我们就没有这个条件做。但社会上，像地震，我们就可以发动，它是一个整体性的东西，不是个体的。还有，对社会上某一个人，全社会都参与了，我们教会也可以发动，这个好说。教会在奉献爱心方面也遇到过类似问题。所以我们不允许牧师在讲台上单独为某一个个体发动倡议，甚至有的人到教会来吵。我们在教会做爱心奉献这块，好事要做好，一定要规范，不规范就带来麻烦。（访谈对象101）

除了教牧人员在讲道时以《圣经》为依据倡导大家奉献外，针对特别的需求，如建堂，教会也会在教堂的显眼处粘贴布告，呼吁大家奉献。

因此，我们可以看出，虽然形式不一，但教会开展慈善首先以宗教伦理为依据，反过来说，宗教伦理也为教会开展慈善活动提供了合法性。我们通常所说的合法性有广义和狭义之分。狭义的合法性指的是"合法律性"，也就是指一个行为或者一个事物的存在是符合法律规定的；而广义的合法性则是一种"正当性"或"合理性"，表明一个行为或者一个事物的存在符合某种实体或程序的价值准则以及因其他非强制的原因，而为人们所认可或赞同，进而自愿接受或服从（余丹茜，2010：42）。因此，广义地理解，宗教伦理为教会开展慈善提供了合法性，而这正是资源动员机制的第一道门槛。

三、信徒的考量

贺美德（贺美德等，2011：173）认为，慈善实践在中国的复兴是各方面因素综合作用的结果，包括：个人财富的增长，对个人利益的追求，以及对于社会碎片化和日益增长的社会不平等的集体感知。孙立平（1999：167）在探讨"希望工程"时提到捐赠者可以获得一定的资本交换，即厂商获得广告机会，投机者借此机会接近政府，换取体制内的资源。而对有宗教信仰的个体而言，他们参与慈善行为的动机会呈现哪些不一样呢？从理性选择的角度来看，个人是否参与集体行动，参与到何种程度，都取决于他在该行动中所能获取的收益和付出的代价的比较。瞿海源（2006：160）在对台湾宗教信徒奉献的研究中发现，基督教徒在捐献原因上相对简单，自利型的积功德行为是他们所排斥的，他们多怀着对上帝的忠贞情操，除了希冀奉献自己的金钱给上帝之外，信徒本身还具有公民精神，关心自己的社会责任，因此，他们的奉献主要包含感恩奉献和回馈社会的两层意思。

> 我们不是为了慈善而慈善，这是信仰所要求的，要服务人群。首先我们要有服务人群的理念，还有一个有的人做慈善是为了沽名钓誉，我们不是为了显示我们自己这个人，而是彰显上帝的爱，这个是我们做慈善，社会服务的东西。我们不求回报，也不是一手拿面包一手拿《圣经》，我们不赞成这样的。苏南这边叫基督教为"吃教"，过去传教士就是这样一手拿面包一手拿《圣经》，我们现在不是这样，我们做好事不是一定要让你信教，但我们需要你们感受到上帝的爱。我们做慈善不谈条件，因为耶稣为我们受难了，但他也没提条件啊。（访谈对象 101）

站在牧师的角度，他们希望通过慈善改变社会上非信徒对基督教的刻板印象："别人说我们只会读经祷告。"（访谈对象 101）而对于普通的信徒，谈及自己的奉献，大多数人同样把信仰的诉求作为行为的动机。

汶川地震，我当时捐了100块钱，本地人奇怪"你们外地人平时节俭得要命"，我觉得爱心无大小。（访谈对象207）

此外，《圣经》中的十一奉献也成为信徒们遵照的规范。

旧约明确说了十一奉献。我们另外还会奉献建教堂，其他地方需要建教堂我们也奉献。十一奉献是本分。（访谈对象201）

谈到慈善动机，我们回避不了的一个问题是慈善与传福音的关系。慈善与传福音一直是一个比较敏感的话题，有人认为慈善是传福音的手段，有人认为应该把二者明确区分开来。如一位牧长就曾明确表示"要我们去做（慈善），我们肯定传教的。我们要救灵魂"（彭尚清，2013：29）。在调研中笔者没有发现信徒将传福音作为慈善主要目的的话语，但他们在捐献或行善时仍可能保持传福音的希望。

因此，我们可以得到这样一个初步的结论：对基督徒来说，慈善活动被看作是他们作为基督徒应该实践的行为，基督徒对信仰的认识不再局限于强调神迹、做见证，越来越多的信徒希望通过善行来体现身为基督徒的价值，通过实践基督精神来感受基督信仰的存在。

因此，这种慈善行为是理性选择的结果。在集体行动中，行动者总是在约束条件下，用最小的付出获得最大的效益……理性的集体行动可分为两种取向：工具理性的集体行动与价值理性的集体行动（王冠，2013：27）。信徒之所以能够被动员加入到慈善公益这一集体行动中，也是做了成本—收益的比较，只是这里的理性选择强调的是价值理性而非工具理性，而来自《圣经》的教导与信仰的使命正是对信徒们参与慈善公益行为的一种"选择性激励"的表现。

第二节 框架动员：群体认同感的生成

一、何为框架动员

框架动员并非资源动员理论的概念，相反，资源动员理论从成立之初并没有把心理文化作为影响社会运动的主要因素来看待。1986年，斯诺等人发表《框架规整过程、微观动员与运动参与》一文标志着框架建构论的诞生。如果说资源动员论和政治过程论比较偏重社会运动中的客观层面的话，那么框架建构论则把注意力投向社会运动过程中的主观层面，它把资源动员论和政治过程论抛弃的观念因素又重新重视起来。

那么在教会中，是否也存在这样一个阐释、定义、重新定义的过程呢？如果存在，这样的过程中产生了怎样的理念，而这一理念与教会开展慈善公益又有何关系呢？因此，我们专辟一节进行详细讨论。

K 市教会有一支由信徒自发组成的乐队，这支乐队主要为弟兄姊妹提供免费的婚丧嫁娶的服务。乐队每周四下午在 D 堂进行训练，笔者在田野中发现，每次乐队训练前会进行祷告与动员。这种仪式就是典型的框架动员的一部分。因为仪式不仅作为信仰的外在表现，其更重要的寓意在于通过这一仪式，强化信徒对乐队训练、音乐事工赋予神圣的意义。正如有学者提出的，在社会运动的动员过程中，除了必要的运动理念传播以外，更重要的任务在于向参与者提供一种可以共同感觉的信心、热情与希望的可能性，使得他们愿意投身于运动，并且寄望未来的实现（乔世东，2009：23）。

二、框架动员与教会集体认同感

与扩散性宗教不同的是，基督教在排他性教义的指引下，无论是组织还是心理上都有着明显的团体界限，团体内部是"弟兄姊妹"，团体外则是需要传福音"拯救灵魂"的对象，"就像火柴盒的盒子，作为一种信仰共同体形成了集体规范"（李向平，2011：116），组成了一个有力度的共同体，而在这个共同体的背后，一定有着一个非常坚实的"理念系统"基础，这个理念系统能够让这个社会中的群众产生很大的共鸣，并进而在"神圣帷幕"（scared canopy）之下共同合作来从事助人行为（丁仁杰，1999：167）。那么，这种理念系统具体是什么呢？前文提及的《圣经》中有关慈善的倡导就是一种理念系统，但除此之外我们有必要更加关注理念系统的建构和此系统可能引起成员共鸣的具体过程，在本研究中，笔者发现，"集体认同感"通过框架动员生成并内化于每一个信徒的过程在资源动员过程中起到了非常重要的作用。

在与信徒对话中，他们与笔者分享最多的一是见证[1]，二是教会发展尤其早期遇到的外部阻力，即信徒所遭遇的来自其他群体的排斥。

> 这个村上，我信耶稣的，其他不信耶稣，借个凳子都不肯，不跟你来往。不要说朋友，有的连兄弟姐妹都不来往。有的婆婆信耶

1　见证，即人们交流对宗教的信心的主要手段，一般是以各种神迹，如恢复健康、大难不死等来证明宗教的应许变成现实。

稣，媳妇不信的，婆婆都被赶出来。ZP 镇有一个真人真事：有一个孙子生病了，就去看巫婆，巫婆说家里有信耶稣的，要赶出去，于是婆婆就被赶出来了，到教堂里哭的呢。（访谈对象 206）

有意思的是，ZP 镇发生的这件事在信徒中广为流传，类似的版本还有如下：

子女不让老人信。因为他就是说，你信耶稣了，你的神大嘛。信耶稣的不好的，就有不信的说你家里有人信耶稣的，家里搞不好的，老祖宗不上供，那你家里就会出问题的。他们以为是老祖宗保佑他们的。你信了神，老祖宗不敢来了，那这个家庭就没有老祖宗保护了，那这个家庭生病了，就怪你这个信主的妈妈。都是因为你信耶稣，家里才有这样的事情灾难。我们这边有几个都是这样的。

（访谈对象 106）

有一次 W 牧师带领我们去探望乡下的一位老姊妹，我刚才说的我们这边本地的信耶稣的很少嘛，他们就是拿扫帚把我们打出来的。因为他们迷信啊，他们觉得我们所信的神大啊。他们就说，你们信耶稣大的，你们来了，我们家里的这个老祖宗都被吓跑了。那是好几年前的事情，包括 W 牧师啊，我们几个同工去探访就是被他们扫帚扫出来的啊，打我们到外面。迷信是很厉害的，因为我们本地人信迷信的人太多了，像一个风俗遗留下来。就像你们信耶稣的没有一个孝顺老祖宗的心啊，其实他们不知道。所以我们这边受逼迫厉害，有的被赶出来。刚才我讲的那个房子塌下来的，他就是被自己的儿子赶出来的。（访谈对象 202）

虽然版本会略有不一，但我们注意到这个故事经历了这样的再生产过程（图 3-1）：首先这个故事在信徒中广为传播、讨论，这就是一个框架识别的过程；在这个阐释的过程中，大家区分出"我们"和"他们"两个群体，即我们中的一名信徒受到家中不信基督的人（他们）的"逼迫"，而"逼迫"原因是基督与祖先崇拜冲突进而影响整个家庭受祖宗的庇护，这是不公平、不公正的，达到了框架渲染的效果；进一步的，信徒群体把这种个别的、特殊的遭遇转化成一种普遍的、集体的命运感，信徒们把自己的命运与群体的命运捆绑在一起，当他们感到群体受到威胁时，他们会觉得自己也受到了威胁，即使他们个人并没有直面冲突处境，这就达到框架扩展的效果；最后，他们不仅产生了这种"我们教会很弱，需要抱团"的共享定义，并且认为他们可以通过行动来改变这种不公正的局面，于是，这种共享理念成为教会资源动员时的强有力的手段。当牧师们在教会中发起一项集体行动，例如，慈善捐助动员时，教会成员马上能够将这一行为与集体命运感联系在一起，他们就很愿意贡献自己的力量去争取改变群体的命运，无论他们自己是否享受到了所有这些成果。正如很多文献材料表明的，动员不是通过提供选择性激励，而是通过突出强调集体性灾难的威胁来引发反动员（countermobilization）的。

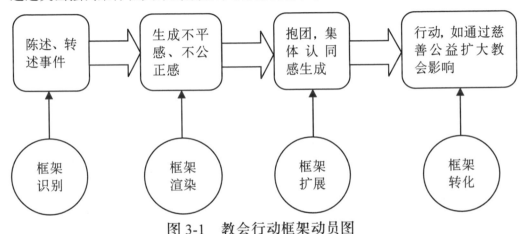

图 3-1　教会行动框架动员图

群体认同感是框架动员中非常重要的一个心理因素。它是一个速写式的标记（designation），是个体对自己的归属，对自己和他人联系的一个宣告（艾尔东·莫里斯等，2002：20），并且这种情感很容易被夸大。集合在一起的群众中，会产生某种集体的神经质——某种感情的被煽动、相处刺激，因此可能产生各种个人的某种一时的高于他们的感情的平均程度（郭景萍，2006：84），这在有信仰的群体中尤为明显。Madsen（1998：53）对此有过专门的阐述，他认为，像基督教这种一神教在信仰上都有强烈的排他性，在意识上更容易形成相对独立的自我认同。一旦人们拥有了这种内在的身份，并因这种身份而受到歧视或迫害，那人们对这种身份的意识以及人们对基于这种身份而建立起来的共同体意识就更强了，外部压力越强大，共同体的纽带反倒可能越被加强。对于 Madsen 关于外部压力越大，群体抱团越厉害这一点在上述分析中也得到了验证。

群体认同感在面临外在压力时反而更加牢固、更加强大，即基督教面临的外在压力越大，基督教的发展可能就越快（李向平，2010）。类似的情况其他研究者亦有发现。如吴飞（2001：30）在他对一个乡村中天主教信徒的研究所发现的，他们的叙述与其说是对教会历史的描述，不如说是强化认同的一种技术。彭菲（2006：363）在对一个台湾新宗教团体的研究中也发现，信徒之间既有的关系，和他们参加运动之后经常地共同面临原有的教派攻击、相似的家庭反对、外界误解，甚至来自有关当局的介入、干涉所带来精神压力、物质损失，这些重要的考验，使得信徒对于休戚与共的伙伴们带有患难的感情，他们彼此又在'师徒'的领导之下，结成一个内聚力很强的团体。

基于以上分析我们可以发现，框架动员，尤其是集体认同感的生成对集体行动有重要影响，对基督教这样的信仰共同体而言更甚。而这恰恰是资源动员理论所忽视的。有学者指出，十分重要的社会心理学因素，成为了资源动员理论的盲点，忽视了能够动员起抗议运动的不满情绪和不公正感，就好像是剥离了社会运动的政治意义一样（艾尔东·莫里斯等，2002：147）。本节的分析也进一步论证了这一取向的重要性。

第三节　组织动员：慈善行为的制度化

资源动员理论的核心假设之一认为资源需要被动员出来并被组织起来，因此，组织行为是十分关键的（艾尔东·莫里斯等，2002：383）。理论上说，教会，作为一个以基督之爱为基础维系起来的组织，有区别于一般世俗组织的独特之处。教会是一个身体……身体是一个正式组织，因为它是一群器官与组织的活动，经过审慎的协调，为达成特定的目标或宗旨。它不是一个科层体制，因为没有金字塔式的阶层系统。（史蒂芬·葛润兰，1993：302-303）。

但是在实际运行中我们发现，为了更好地应付环境的变化以及提高组织的运行，教会组织在实际运行过程中仍然自觉或不自觉地表现出一般组织的结构设计和运行特征。当然，在不同的时期，教会组织呈现不一样的形式。20 世纪 80 年代，基督教刚刚复兴，教会主要依靠几位信的比较早的信徒来共同维持，组织结构显得相对粗糙模糊；H 牧师上任之后，教会组织架构逐渐明晰化、具体化，教会神职人员以及义工开始分工明确，但是对于权力结构，尤其是教会与各堂点之间的管理架构只有初步的想法，无实际操作；W牧师到任后，进一步将这种权力结构制度化，并提出了有 K 市独具特色的"三统一"制度。

　　过去，K 市教会内部出现矛盾。一是教会在管理工作上不规范；二是有些人信仰上有问题，因着人情关系而进入了堂委会，这样使教会工作难以开展，甚至出现吵闹；三是讲台工作出现混乱，这样久而久之会形成个人情感群体，最终会导致教会之间出现矛盾，甚至分裂。（访谈对象 101）

　　基于这样的历史教训，K 市教会先后制订了《信徒守则》《唱诗班人员守则》《教牧人员守则》《堂委主任职责》《堂委会职责》《财务制度》《教务制度》《外事接待制度》《组织制度》《财产事务管理制度》《会议、学习、人事制度》《门卫制度》《堂委会组成人员标准》《安全、消防制度》等一系列规章制度，以确保教会健康稳定地发展。在组织架构方面，教会形成了以三自常委会为权力核心部门，统一带领全市教会的格局，特别是其"三统一"制度成为 K 市教会区别于其他教会的主要特点。首先我们来看一下教会的组织架构图（图 3-2）。

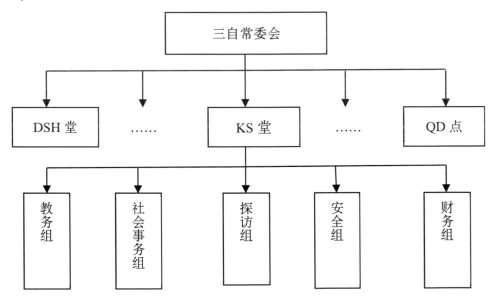

资料来源：K 市教会

图 3-2　K 市教会组织架构图

　　三自常委会是决定教会事务的主要机构，教会中大的事情首先由常委会统一做出决策，然后具体分工到相应的人身上。用负责人的话说，"一个事情下来，可能一个人主要带领，其他人都要配合，不是一个人说了算。"（访谈对象 101）例如，在笔者调查期间，教会的一项重要工作是 DSH 堂新教堂的筹建工作。这项工作复杂而琐碎，包括向所在镇政府征集土地，联系相关建筑设计院设计教堂等，这样的工作一般是在三自常委会中首先讨论方案，然后具体分工到相关责任人。因此，虽然是一个堂点的事情，实际操作中却是由常委会带领的团队来共同执行。由此我们可以看出三自常委会在教会的组织架构及日常管理中都占据着最为核心的地位。而各堂点中比较小的事情，则由各堂的堂务管理委员会自己研究决定，一般来说，堂的堂委会至少有 7 人，而点的堂委会至少有 5 人。目前 K 市基督教三自常委会共有 11 名委员，其中 8 位来自各堂点的接受了正规神学教育的牧师，同时还吸纳了 2 位在教会中服侍时间较长的信徒，其中一位是七十多岁的长老，一位是负责 DSH 堂社会性事务的义工，此外，考虑到常委会中严重的男女比例失调问题（男:女为 2:8），常委会又吸纳了一位来自 LJ 聚会点的长期做义工的弟兄。在这种制度下，教会的静态组织架构就呈现出三自常委会对下属个堂点有直接的管理权，但同时必须担负起一定的义务。

> 我要打造一支团队，包括各个堂点，大家工作也开心。做什么重大的决定都是通过会议研究，当然我会拿主导意见，因为我要对这个教会负责，把这个情况告诉我们的同工，大家没有意见，就这样做，然后分工明确。所以 K 市教会已经进入良性循环的阶段。（访谈对象 101）

而具体操作方面，K 市教会逐渐形成了自己的"三统一"政策：财务统一、人事统一和基建统一。所谓财务统一，就是各堂点将各自获得的奉献款按一定比例上交三自教会，另外自留一定数量的储备金供自行使用。下面是教会 W 牧师关于财务统一的详细说明：

> 笔者：三自有哪些收入呢？
>
> W 牧师：三自主要有两个收入来源，一个就是各个堂点上交一部分奉献款，堂点大的上交多一点，堂点小的上交就少一点，都有一定的比例。像 KS 堂信徒多，奉献多，一年奉献将近两百万，可能上交到三自这边七八十万。有些堂点少一点，你就上交 5 万。
>
> 笔者：这个比例谁来定呢？
>
> W 牧师：常委会。

　　笔者：那会不会有的堂点说"太多了，我们要少交一点"？

　　W 牧师：不会，我们这边认为，只要是给教会事工的，只要有钱，都愿意拿出来。

　　笔者：那自己留下来的钱够用么，结余的怎么办呢？

　　W 牧师：够的够的。结余的就留账上，他们将来建教堂呀之类的，再拿来用。（访谈对象 101）

对于这种统一，不了解的人可能以为交到三自的钱就归三自，其实不然。

> 财务统一就是各堂点交钱交到一个账户，但是各家还是各家的钱。一般平时不会缺钱，建堂时缺钱，你家缺钱了，会计会调节哪家借给哪家。（访谈对象 103）

基建统一，表现为基建小组和基建资金两方面。基建小组主要由三自常委和各堂点负责人组成，当某一个堂点需要建造新教堂时，由这个团队具体负责争取土地、筹集资金等操作。基建资金方面是指教会除了日常主日奉献以外，还有一个专门的建堂基金，信徒可以专为此基金奉献。该笔奉献款也是归入各堂点自己的财政科目，专款专用，但是当某一个教堂建设资金不足时，可以从其他堂点借，日后归还。这种统一，对于规模较小的教堂无疑大有益处。一位来自小堂点的义工这样看待资金统一的问题：

> 教会的钱不是说我的，你的，是一个整体的。既然弟兄姊妹奉献了，不是说你奉献你要怎么用，你奉献进来教会怎么用是教会的事情。信徒没意见的，因为按照我们自己的实力的话，这辈子建这个教堂都建不起来，以前我们这边都是一个星期几百几百的，很少的。像 JX 点，那边信徒少，每个月的奉献款都不够发教牧人员工资的。（访谈对象 202）

而人事统一，是指各堂点选举堂委会成员报三自考核批准，并且主日讲台上的讲道人员也由市三自教会统一安排。以笔者抄录的 2013 年 7 月圣工日程为例（表 3-1），各位牧师包括传道人游走而并不固定于自己负责的堂点。例如，KS 堂的主任牧师 Z 牧师 7 月 7 日被安排在 KS 堂负责主日礼拜，但 21 号和 28 号的两个主日她却需要到 LY 点和 ZZ/ZP 点去讲道。

表3-1　K市基督教圣工日程表　　　　　　　　　　　2013年7月

主日讲道							
日期	KS	DSH	ZZ/ZP	LJ/HQ	SPU/QD	LY	SPA/BC	JX
7号	Z	W	WL	Y	J	WK	G	X
14号	X	G	Y	W	D	WL	J	
21号	W		J	WK	G	Z	D	Y
28号	F		Z	J	WL	D	WK	W

资料来源：K市教会

对于这种三统一政策，无论是教牧人员还是平信徒均表赞成。年轻的牧师们认为这种制度实际上是在减轻她们的负担：

> 三个统一不记得具体哪年开始，但是有一个什么大事，比如今年K市有二个地方要建教堂，大家就心往一处想，力往一处使。我们这个团队是非常合一的，没有哪个人说不行。我自己在讲台上也没怎么解释，我就是讲今年有这么一个建堂基金，专门为教会建造教堂来奉献的，大家听到这个报告后都愿意奉献。我是没有遇到有信徒来找我质疑。当然，你说，个别的，肯定会有，但是我没遇到……相对来说，我们教会比较合一。比如一个电话，大家都集中起来，这可以看出这个光景是比较合的。（访谈对象102）

> 最开始，W牧师提出来这么一个想法，我们知道了以后没有任何芥蒂，信徒知道后可能刚开始有点不明白，是不是我们的钱归到三自去了，当他们真的体会到这个制度好的时候，他们就更支持了。我们平时做了什么可以通过财务一看就知道了。（访谈对象106）

尤其是从二十世纪八九十年代走过来的信徒，亲眼见证过去教会的纷争、不统一，他们更希望教会能够合一、团结。

> 愿意，因为大家都尝过了以前教会不合一的苦……这三统一我觉得其他教会都应该学习，以前都是自扫门前雪，统一了能大发展，不统一可能一个教堂都建不起来。现在这个统一的好处，大家都有目共睹。（访谈对象206）

客观地说，K市教会的这种组织管理形式在全国并不普遍。从笔者走访过的多个城市教会来看，普遍的现象是教会只与下面部分堂点甚至个别堂点有严格的隶属关系，各堂点拥有比较独立的财权、人事权。而 W 牧师坦言，他个人非常强调三自在整个教会体系中的职能地位。

> 前不久在全国基督教代表研讨班上我就提出关于"宗教团体的职能地位"这个问题。我说，今天这两个组织还是有同样的职能，但组织开展慈善，我认为应该由两会来做，如果各个堂点做，就分散。两会的职能地位，宗教团体和宗教职能部门之间的关系是指导协调。有人说你们这样一个模式是违反宗教管理条例的。宗教团体对所辖区域内的宗教活动场所应有明确的领导关系。这样的好处，就是增加宗教团体的凝聚力，你没有权，你讲话别人不听你的。另外考虑到私设聚会点多，县一级应该成立两会，不仅要有三自，也要有基督教协会，这样对团结他们可能有些好处。有的地方，三自形同虚设，没地方，没人，没钱，就导致没权，底下堂我行我素，就比较混乱。所以现在就要加强宗教团体的凝聚力。（访谈对象 101）

这样的统一政策，无疑整合了教会资源，提高了行动效力。但是笔者也发现，在这样的制度规范下仍然有一些细节需要进一步完善。例如，建堂小组虽然由教会内的骨干教牧人员组成，但实际工作却是 W 牧师一个人在跑动负责，也就是组织规范上力图向法理型转变，但实际操作中，宗教领袖的个人气质却在更多地做功。其次，问及建堂基金如何归还的问题，各堂点牧师并没有一个清晰的思路，在笔者的提醒下，他们也开始意识到这个问题，尤其随着这几年三个堂点陆续开始筹备建堂事宜，这一困境必然很快来临。

> 笔者：如果一个教堂需要建，从建堂基金里借了钱，这个钱要还吗？
>
> Z 牧师：要还的，如果不还，没有负担，就会懒惰。
>
> 笔者：那有没有一个规定，怎么还？比如多少年还完，每年还多少？
>
> Z 牧师：这个倒没有。按理说，每个堂点负责人应该有一个计划，欠了多少钱，多少信徒，一个人奉献多少钱才可以。信徒都是教会家里的人，这个账必须让他们知道。有的人奉献多，有的少，均衡起来，就好一点。

总体来看，K 市教会是以常委会为领导中心，组织的运作走上下层级、事工分明的科层体制，但整体组织运作的理念又与牧长个人的思路密切相关。换言之，教会固然具有科层、制度化的形式，但是人治式的领导方式也揉合其中。

以上是教会作为一个组织的总体架构和决策过程。具体到慈善公益行为，有研究者认为在中国由宗教组织发起的慈善活动多半不是被高度组织化的（Susan K. McCarthy, 2013:55）。但是本研究的对象，K市教会，为了长期、稳定地推行慈善行为，也同时依托于上述架构而开展。这就为慈善行为形成了一种"制度化"（institutionalization）或"例行化"（rountinization）的程序，也就是说，通过建立一套稳定的持续发挥慈善动员的系统，在此制度框架下的教会在开展慈善活动时，具体表现为慈善活动统一和慈善资金统一。但是吊诡的是，慈善就像"克里斯玛"一样，一旦它被例行化程序中的正式规则和奖惩系统所规定，那么它本身的性质也在发生变化。也就是说，假设慈善行为在一个组织中被例行化了，那么行为本身就不再以真正的助人为目的，并且助人的内在动机也会降低。因此，慈善制度化这件事上，存在着一种内在的矛盾，如何避免这种制度化带来的负面影响也是教会慈善事业面临的挑战。

第四节　外部动员：政治机遇结构

相对而言，资源动员理论比较重视中观和微观动员，政治视野的缺位是早期资源动员论的一个严重缺陷，幸运的是资源动员理论发展到后期，一些学者开始意识到社会运动的成功除了得益于对资源的动员外，还取决于社会运动组织所嵌入的社会背景。例如，查尔斯·蒂利（2009：135）提出资源动员理论应该避免成为"技术决定论"，他认为绝大多数社会运动的新特点都来自于社会背景和政治背景的变迁，而不仅仅出于技术革新。

最早提出"政治机遇结构"这一概念并从这一概念出发分析社会运动的是美国学者艾辛杰（P.K.Eisinger）。在他看来，政治机遇结构主要指整体的开放或封闭性质。开放的政体能为特定社会阶层的政治要求提供路径，或者能对特定社会阶层的政治要求做出回应（朱海忠，2011：9）。也就是说，即使行动者控制的资源总量没有发生变化，在出现机会空间的条件下，集体行动同样能够发生……来自国家权力的支持或威胁直接决定行动者的决策取向（高春芽，2012：69）。

置于本研究中，这一概念对我们的启示是，慈善活动的成功与否一方面取决于教会内部的整合机制，同时还要看教会与社会是怎么联系的，社会对教会慈善公益如何看待，教会能否从外部世俗环境中争取到支持。这里的外部支持包括国家政策的导向，基层政府的支持和兄弟教会或有基督教背景非政府组织的支持。

一、"政治气候"的变化

改革开放前，我国是以"强国家—弱社会"为典型特征的总体性社会，在这种总体性体制中，国家垄断着绝大多数的稀缺资源和结构性的活动空间，无论是个体还是组织对国家的依附性非常强。而在改革开放已经进行了四十余年的今天，部分资源从国家的垄断中被释放出来，其中，大量社会组织的出现以及宗教界被鼓励参与社会建设就是这种转变的表现之一。

1. 政策"大气候"

有学者详细探讨了宗教慈善政策的变化给宗教组织及信徒个体带来的影响（Keping Wu,2016:425-455）。本研究亦认同，教会能否或多大程度上开展慈善活动深受宏观政策的影响。

自 1954 年"公民有宗教信仰自由"被写入新中国的第一部宪法以后，国家的具体宗教政策以及政府对宗教的态度发生着变化。2001 年中央召开全国宗教工作会议提出要以科学的态度看待宗教，指出广大信教群众也是建设中国特色社会主义的积极力量。党的十六届六中全会决议指出，要"全面贯彻党的宗教信仰自由政策，依法管理宗教事务，坚持独立自主自办的原则，积极引导宗教与社会主义社会相适应，加强信教群众同不信教群众、信仰不同宗教群众的团结，发挥宗教在促进社会和谐方面的积极作用。"十七大报告又指出，"全面贯彻党的宗教工作基本方针，发挥宗教界人士和信教群众在促进经济社会发展中的积极作用"。学者吴梓明（2001：3）总结归纳 50 年来中国宗教政策的变化"是从马克思主义的意识形态转而倾向温和务实主义形态"。学者李向平（2008：29-32）总结改革开放 30 年国家对宗教的态度变化是从"精神鸦片"到"社会适应"再到今天的"社会资本"。由此可以看出，宗教在构建社会主义和谐社会过程中的作用被越来越多地给予肯定。

在此背景下，宗教参与慈善公益事业也获得越来越多的制度性保障。首先，2004 年颁布的《宗教事务条例》明确规定："宗教团体、宗教活动场所可以依法兴办社会公益事业"。2011 年 7 月，民政部发布了《中国慈善事业发展指导纲要（2011-2015）》，提出了该五年慈善事业发展的目标。紧接着，2012 年 2 月底，国家宗教局与中央统战部、发改委等部门又联合印发了《关于鼓励和规范宗教界从事公益慈善活动的意见》，该《意见》明确表示，"宗教界可以依法设立基金会等公益慈善组织"，申办"非营利性医院"，也可依法申请设立"专项基金"或"社会福利机构"。《意见》还对税收减免和政府资助补贴事项做了说明，如"企业和自然人向宗教界成立的符合税收法律法规规定条件的公益性社会团体的公益性捐赠支出，按照现行有关税收法律法规及相关政策规定，准许在所得税前扣除"；"宗教界依法设立的公益慈善组织、社会福利机构、符合法律法规和政策规定的，享受相关税收优惠政策和政府资助补贴，其用电价格比照居民生活用电价格执行，用水价格按居民生活水价执行"。宏观层面看，该《意见》成为宗教，包括基督教进入公共领域开展慈善公益活动的最为有利的政策支持。

从以上论述我们不难发现，政府对待宗教（包括基督教）开展慈善、参与社会建设方面有明显的"拉"力作用，而将这样的拉动置于中国社会结构的变化、政府职能的转变的大环境就不难理解了。伴随着持续的经济改革和对外开放，我国社会资源结构和公众的需求呈现多元化的格局，传统的全能型政府在回应公共物品多样化需求方面面临着前所未有的压力。因此，政府将一些社会公共事务的管理权逐渐让渡出来，通过社会团体开展更为灵活、有效的服务来减少政府在社会治理中的成本，间接提高政府的执政能力和执政水平。而宗教组织，作为社会团体的一部分，恰恰可以成为参与第三领域建设的一支重要的力量。

2. 基层"小气候"

从政策大气候来看，国家对宗教慈善持越来越支持的态度，但学者黄剑波（2003：112）在其研究中也指出，虽然国家对基督教/宗教的"大气候"的变化过程会直接影响到基督教在社区的生存和发展的"小气候"，但不同地方在具体执行国家的宗教政策时却有并不完全相同的尺度和方法。对于基督教，地方政府既有严厉打压的，有对教会内部事务多加干预的，但也有正面利用的，更多的则是接受基督教存在的事实，并承认这是不必禁止也无法禁止的，因此，重点就放在了如何管理基督徒及其活动上。在 K 市，从笔者的田野观察及访谈来看，教会处于一个整体较为宽松的环境中。

我们可以先从政府的工作理念看起。K 市成为县级市后的第一任市委书记 W 先生曾说过这样的话，"在本地资源有限的情况下，我们唯一能够提供的就是最好的政府服务。所以我们力求快速、高效地展开工作，并且信守合同。"（艾娜·唐根，2010：54）对于教会，政府与教会的关系经历了从较为紧张到现在合作互信的过程。二十世纪八九十年代，因为教会内部的纷争以及教产回收等问题，教会与政府一度出现较为紧张的局面：

> 政府认为教会不讲理，因为当时要拆老教堂，很多信徒上访，吵、闹。教会之间经常吵架，甚至打架，当时闹的蛮厉害的。他们（指信徒）对也是对的，也是为了维护教会的利益，但说话语气，做事方面，不太注意方式方法，政府看了教会就头大，头痛。信徒对政府呢，信徒认为教会是我们的家，政府要来拆我们，有一点意见，另一方面，也希望要的多一点，我认为，出发点是好的，但处理方法上，影响不好。由于教会的不合一，纷争，带来的负面影响就大。（访谈对象 206）

发展至今，教会得到越来越多的来自政府的支持，这一方面与政府工作理念的转变有关，另一方面也与教会自身的努力相联系。谈起政府的工作理念，教会牧师赞赏有加：

> 这边真的是服务型政府，服务的团队。这边的政府工作人员一直在说："我们不是管你们，是为你们服务。"观念上比较新，人的素质比较高。我们做事情的时候，也难免有想不周到的时候，或甚至有得罪，但他们不会计较。一般打交道最多的就是宗教局，或者分管的市长或书记，都挺好的，他们都挺关心的。（访谈对象 103）

> 政府都有在帮我们做事情，比如镇上的镇长和书记。像 DSH 这边，建教堂的事，镇里面是非常支持的。（访谈对象 101）

不仅工作态度上政府表现出积极的一面，在具体行动上，政府也给予关照和支持。每逢新年或文化节的时候，政府还会与教会合作，邀请教会乐队参加活动。此外，地方政府（主要指镇政府）也会经常借用教堂这个现成的公共空间进行政策宣传和事项通知。

> 像这次 5 月 12 号的义卖活动，我们要到街上搞一个宣传，拉横幅，有腰鼓队，管乐队，上街游行宣传。我就联系了镇长，跟他说要走什么路线，他还说，这条路人不多，你要走那条路。最后说

随便啦随便你们走了，只要我们把路线图给城管人员他们好到时候维持秩序就行。（笔者：举行这样的活动需要事先报宗教局么？你们拉横幅会特别标注基督教的字样吗？）不需要报，我们直接写"基督教低碳义卖环保行动"。这个都没问题的。包括马上 6 月 2 号要搞的义诊，镇长也说你们需要什么协助，比如再请几位医生、场地等等，都给我们提供支持。（访谈对象 101）

行文至此，笔者提出一个需要注意的地方。过去我们在研究教会与政府关系时，注意力多集中于宗教局或统战部门，但根据在 K 市的调研来看，其实教会在参与社会事务过程中打交道更多的是基层政府部门，如镇政府。

和镇上联系多一点，如果能自己搞定，就不麻烦宗教局。但一些大型活动就请宗教局局长来参加。我们纯教会内部的事情也不请他们参加，如台湾专家来做和谐家庭方面的培训，我们报备内容、培训老师等信息。宗教局那边派人来就来，不来也就算了。（访谈对象 101）

二、同行的专业支持

除了努力争取政府资源外，教会在开展慈善活动时也离不开兄弟教会或是有基督教背景的非政府组织的支持，例如爱德基金会。W 牧师说，目前教会内的大部分慈善活动都是"借助爱德这个平台"。爱德基金会是一家有基督教背景的专门从事慈善公益的非政府组织，由于有信仰的联结，基督教组织之间多了一份亲密感，更容易产生信任。一方面教会推荐相关同工参与爱德组织的义工培训活动，另一方面，教会筹集到的慈善款项多是通过爱德基金会递交到目标人群手中。学者黄海波（2007：189）认为，更有效的社会公益服务方式是将基督教的资源同现代非营利组织的结构与运作形式相结合，从而将这些资源引入社会公益事业领域，并克服堂会等纯粹宗教组织因其组织身份而导致的公益活动覆盖面不广的局限。K 市教会与爱德基金会的合作正是这种将基督教资源经由组织化方式进入社会公益事业领域的一个很好的尝试。

此外，媒体的支持也将大大有利于慈善动员。有学者在考察中国青少年基金会的资源动员时发现，该组织充分利用了体制内的资源并以此为资本取得了媒体的支持。一位青基会的工作人员有过这样的结论："可以说，没有邓小平、江泽民这些领导人的支持，没有他们的捐款和题词等等，希望工程是很难有今天这样的气候，就是新闻界也不敢大张旗鼓地支持我们"（任慧颖，2005）。那么，基督教，作为有强烈宗教符号与意义的组织，他们能否同样获得媒体的关注呢？遗憾的是，我们鲜少看到基督教组织作为资金、服务提供者在媒体报道中被提及和宣传。

有学者引用过 2011 年北京大学社会学系"量化研究"会议上的一篇论文数据："在中国民众能够获取信息的最大渠道即报纸和电视上，关于基督教的内容仍然是非常稀少的。我们以中国著名的五大报纸为例：在 2001 年到 2010 年的 10 年中，《北京日报》对宗教的报道只有 10 篇；《广州日报》有 6 篇；《南方周末》有 16 篇；《人民日报》有 74 篇；《文汇报》有 11 篇。报道的内容主要是国家领导人接见宗教界领袖之类。而对于基督教的报道，这五份报纸 10 年中只有 1 篇（南方周末，2009 年）。"（高师宁，2012）在最近发布的《意见》一文中提到，"对于在慈善活动中做出突出贡献的宗教团体、宗教活动场所、宗教界依法设立的公益慈善组织、宗教界人士和信教群众，应予以表彰和奖励，并予以适当的宣传报导。"随着该文的发布，宗教慈善，包括基督教慈善能否获得媒体的支持，有待进一步的观察。

第五节　本章小结

动员可分成两类：共识动员（consensus mobilization）和行动动员（action mobilization）（冯仕政，2013：135），在本研究中，神圣动员与框架动员都是共识动员，意在让参与者凝聚共识，而组织动员与外部动员则是行动动员的体现，旨在形成行动，即推动人们实际参与。

首先，基督教《圣经》的核心理念是强调爱神、爱人，这些伦理价值为教会组织和信徒参加慈善公益提供了依据、热情、动力与使命感，把基督教核心价值观外化为具体社会行动的实践促进了慈善事业的开展。

其次，基督教是一个群体性、团体性很强的宗教，由于它历史上并且当下仍然处于社会较为边缘的位置或在局部地区遭受排挤，因此，教会内在认同感相应地急剧增强。在面对外部压力和挑战的情况下，教会内部高度团结。信徒们产生"我们教会很弱，需要抱团"的共享定义，并且这种共享理念成为教会资源动员时的强有力的手段。信徒们把自己的命运与群体的命运捆绑在一起，当他们感到群体受到威胁时，他们会觉得自己个人也受到了威胁。因此，当牧师们在教会中发起一项集体行动，例如慈善捐助动员时，教会成员马上能够将这一行为与集体命运感联系在一起，他们就很愿意贡献自己的力量去争取改变群体的命运，无论他们自己是否享受到了所有这些成果。

再有，资源的有效整合还离不开组织的决策能力。总体来看，K 市教会是以常委会为领导中心，组织的运作走上下层级、事工分明的科层体制，但整体组织运作的理念又与牧长个人的思路密切相关。换言之，教会固然具有科层、制度化的形式，但是人治式的领导方式也揉合其中。具体操作中教会采用了独具特色的"三统一"政策，即资金统一、基建统一和人事统一。在目前各个堂点人力、资金、专业经验都不是很充足的情况下，这样的统一政策无疑整合了教会资源，提高了行动效力。但是对于慈善事业，这又出现了一个吊诡的现象，即当慈善经历了某一种"制度化"或"例行化"的程序以后，它本身的性质也在发生变化。也就是说，假设慈善行为在一个组织中被例行化了，那么行为本身就不再以真正的助人为目的，并且助人的内在动机也就随之降低。

最后，笔者认为 K 市教会处于一个相对宽松的外部环境支持中，尤其它可以打破过去那种单一、封闭的信仰共同体内的资源动员模式，争取到当地基层政府以及同行专业机构的支持与鼓励，这种支持无疑为教会进入公共空间创造了良好的外部环境。

第四章 资源动员产出：基于三个公益案例的比较分析

　　学者李向平带领的学术团队在对长三角地区，包括上海、江苏、浙江三省市的基督教慈善调研中发现，长三角基督教开放堂点共计 8192 处，他们的公益慈善参与限于其宗教团体身份，通常以直接的资金、人力输出为主。公益慈善参与的范围主要包括敬老养老服务、社区服务、社会救济、社会援助及教会内部的肢体互助……呈现小规模、有限范围、不完整的特征（彭尚青，2013：149）。

　　K 市教会牧长在总结其开展的慈善事业成果时的说法也基本符合上述总结："做慈善，大家都有这个意愿。我们发动的力量主要是教会内部，教会内已经有这个意识，但如何来做，可能还有很多工作没跟上。"话虽如此，笔者调查下来发现 K 市教会还是开展了一些慈善活动，尤其创新出一些独具特色的项目，这也是笔者选择 K 市教会作为案例分析的重要原因之一。

　　接下来的这一章我们具体关注一下 K 市教会整合并转化了前文所说的资源后，具体的慈善产出有哪些？

第一节 教会慈善活动一览

一、历史上的慈善活动

　　根据教会历史文档显示，二十世纪八十年代，教会已经开展了一些针对教会信徒的贫困帮扶活动，D 长老还带领大家创办了社会服务事业。以下摘自 D 长老的工作报告：

今年一月，ZS乡唐泾大队陆永祥弟兄身患绝症，在二月份适逢春节蒙召归天了，遗下三个孤儿，均未成家，上有老父老母，生活实在困难，因此，弟兄姊妹伸出温暖的手，给与丧葬和生活上的补助。今年四月份《天风》报道，安徽省CF县姚巷教堂阁楼倒塌，有六人死亡，三十人重伤，弟兄姊妹得悉后，纷纷伸出同情的手，自觉奉献，五月份随银行汇去300元。

1985年2月，开办了缝纫裁剪学习班，招收学员10人，大部分是信徒子女及家属，为期一个月，为缝纫裁剪技术打下了基础。接着开办了服装加工，解决了社会上做衣服难的问题，并为单位加工成批服装，后因人员分散，无力管理……

从以上记录我们可以看出，二十世纪八十年代教会开展的有限的慈善活动多服务于教会内的弟兄姊妹，主要方式为资金捐助。虽然教会尝试了新的方式（加工服务），但最终因多种原因而失败。

二、慈善活动的变化

与二十世纪八十年代相比，今天的K市教会所开展的慈善公益活动更为丰富，主要有以下几种类型：

神学奉献：每年定期举办两期神学奉献，当天所有的奉献款用于资助南京圣经专科学校或金陵协和神学院，主要用于对贫困神学生的帮助或教学设备的配置。

贫困助学：有针对性地资助当地或贫困地区的孩子。

慰问老人：在周末、重阳节、新年这样的日子里，教会组织义工前往老人院或贫困家庭探望老人，带去一些礼物，陪老人聊天，解决一些生活所需。

灾害救助：每当国内外发生重大自然灾害的时候，教会在主日礼拜时发出特别的呼吁，然后将信徒的捐款单独递给慈善总会或爱德基金会。

爱心奉献：K市教会内部有一个"爱心奉献基金"，目前该基金主要是资助一名缺乏生长激素的孩子。

环境保护：爱德基金会在江苏省发起了环境联动行动，K市教会作为其中一员，也积极参与其中。

医疗卫生：教会发动内外部专家资源，以义诊的形式，集中于某一乡镇，面向全体大众举行。

其他类型：除了以上活动外，教会还根据自身的优势及特点开展了诸如心理咨询、天使乐队等活动，对于这些活动笔者将在下一节进行详细论述。

表 4-1　K 市教会慈善受益人及开展途径比较

活动内容	受益人角度		开展途径角度	
	教内	教内外都有	自己做	其他途径
神学奉献	√		√	
爱心奉献日	√			√
灾害救助		√		√
慰问老人		√	√	
贫困助学		√	√	√
医疗卫生		√		√
文艺活动		√	√	
心理咨询		√	√	
环境保护		√	√	√

三、慈善活动特征

从受益人的角度来看，慈善活动可分为"肢体互助"和"公益活动"两种。所谓肢体互助，即基督耶稣是教会的头，教会是基督的肢体，当受益人是教会内弟兄姊妹的时候，我们把这种慈善活动称之为"肢体互助"。这种直接的互助形式是教会保持其凝聚力的重要途径之一。而"公益活动"则是指那些受益人超出教会范围，扩大到社会中的普通民众的活动。

例如，专门针对贫困神学生的神学奉献属于"肢体互助"的典型代表，而灾害救助则将受益人扩大到社会公众。总的来看，无论是 K 市本地还是其他地区，目前慈善活动的受益人还是以教会内的弟兄姊妹为主。这一方面与信仰共同体内的成员与生俱来的亲近感有关，同时也与教会自身获取信息的便捷程度相联系。例如，教会资助的那位缺乏生长激素的孩子来自邻省 C 市，即 W 牧师的家乡，孩子的父亲是当地的一名传道人。这样的案例更容易传递至 K 市教会进而获得帮助。但是，新型的慈善活动理念的一个重要标志就是对全世界的关注，努力帮助任何有需要的人，而不仅仅是团体内部的成员（魏乐博，2009：87），这方面还需要教会的进一步努力与尝试。

从活动媒介来看，慈善活动又可分为教会自行组织的活动和通过其他途径，如爱德基金会或民政系统开展的活动。一般受益人为教会内弟兄姊妹的时候，教会多以自己的力量来组织开展，具体又分为三自统一带领的大型救助和各堂点自己组织的小型救助活动。而当受益人扩大到社会公众时，教会则依托爱德基金会这样的专业化的公益非政府组织来进行。

因为教会内没有专门的社会服务部门，每年的重大慈善项目都是由三自统一带领协调来做。如突然发生某一重大自然灾害时，牧师在各个堂点发出倡议，收集所有的捐款之后再统一以市教会的名义捐献出去。神学奉献以及义诊等活动也是以这种形式来开展。除此之外，各个堂点每年也会依据自身的人力、财务情况、所在社区特点自行开展一些慈善活动，但这些活动并不会出现在日常的统计表格中。以 DSH 堂为例，笔者拿到一份他们 2006、2007、2008 和 2010 四年的工作大事记，摘录其中有关慈善公益活动如下：

> 2006 年爱心活动：元月 16 日信徒自发筹资给敬老院老人每人一双棉鞋。11 月 3 日重阳节给教会 70 岁以上 150 位老人每人一份纪念品，给敬老院老人送去 1000 元慰问。给贫困学生张小红资助高中学费 1000 元。

> 2007 年 8 月 15 日和 10 月 1 日腰鼓队被请往康乐园迎接外宾。给贫困学生张小红资助高中学费 1000 元。

> 2008 年：今年仍旧资助张小红 1000 元。春节，教会信徒自发给敬老院老人每人一件毛衣，在重阳节的时候送去 2000 元慰问金。

> 2010 年 10 月 5 日上午，两位同工代表教会到敬老院慰问我们的老前辈，并送去慰问金 2000 元。教会爱心助学 2000 元给张小红同学，她目前开始上大学。

更小一些的堂点也开展了零散的捐助活动，如 SPU 聚会点资助两位贫困学生读书，LJ 聚会点为敬老院捐款 1000 元，并捐助衣物寄往贫困地区。各堂点每逢节日带上慰问品，到各地敬老院慰问并表演节目。这种自行开展的慈善活动不仅包括以堂点名义组织的，甚至还有信徒中的"非正式团体"来带领的。

> 现在 DSH 教堂里成立了一支腰鼓队，我在带，政府有时有个什么活动，他们邀请我们叫我们去敲，居委会也会叫我们去敲，一年有个好几次呢。教会里圣诞节，复活节，我们也敲一敲。平时星

期二我们聚会一次，跳舞，灵修，敲腰鼓。腰鼓队 26 个，以年长的姊妹为主，最小的 55，最大的 71 岁。他们邀请我们，像高尔夫球场，一年一次，大概 500 元，我们就把这个钱奉献给教会。他们给我们我们是不拿的，去年我说你们满辛苦，这个钱我就每个人买了一本赞美诗，多的一点钱又奉献给教会。别的教会腰鼓队还有年轻人带的，我们这边都是老年人。我们平时交通，谁有难处就祷告，哪一个姐妹得病，我们早一点结束到她家里做一个祷告，看望她。

（访谈对象 209）

除了教会亲力亲为开展慈善活动外，教会还会与爱德基金会合作共同开展慈善活动。一方面教会认为有基督教背景的爱德基金会是可信任的，另一方面，爱德基金会的专业性也让教会放心并向之学习。

每年 1 月份的第二个主日是我们的爱心奉献日，做成教会的基金，将来我们会定一些规则去帮助需要的人。在这个基金还不是很完善的情况下我们就通过爱德基金会在做，现在我们为一个缺少生长激素的小孩提供资助，有 20 多万，过去只有一米出头，现在一米 5 左右，有望今后长到一米七。本来这个小孩几乎就废掉了。这个资金就是从爱心奉献日款而来。已经做了三年多了。这个钱是资助打针医药费。我们很相信爱德，他们做事非常详细，精心，还到医院去访谈，和医生沟通，对孩子的成长进行跟踪，然后还反馈给我们。如果这个孩子以后不需要用钱了，我们可以拿这个钱通过爱德做其他事情。

并不是所有活动都是教会来做的，尤其是教会内弟兄姊妹出现困难，我们更希望通过其他平台来做，比如爱德基金会。我觉得爱德多年来规范操作，做的我们放心。像上次我们去四川绵竹探访项目，我觉得爱德做事有个精神，不仅是缺钱给钱，而是能够培养自身站起来的力量，我觉得这个很重要。（访谈对象 101）

通过考察教会开展的慈善内容，我们大致看出：教会是否开展慈善以及开展哪一种类型的慈善，其实更大程度上取决于教会所拥有的资源，例如人力、资金以及外部支持等。正如面对时髦的基金会成立风潮，教会领袖这样讲述他的思路：

对于成立基金会的意向，以前爱德丘秘书长提过，比如成立一个办公室。我觉得必须要有成熟的时机，大家有共同的观念，否则急急忙忙的，容易成夹生饭，不是那个味道了，我们更愿意依托一个平台，像爱心基金比较成熟了，做起来得心应手了。比如如果K市有需要我们都不直接做，而是通过爱心公益基金来K市做，我们省了很多麻烦。不是我们不愿意做，而是暂时还没这个能力，做出来四不像……我们比较务实，脚踏实地，不盲目，不跟风，不攀比。（访谈对象101）

第二节　对三个公益案例的描述

学者总结美国宗教机构，尤其基督教开展的社会服务事业主要有：文化与教育发展、医疗与卫生援助、妇女与儿童权益保护、老年人服务、消除贫困、预防犯罪、社区发展与改造、帮助移民与难民、帮助少数族裔、环保、反对酗酒、毒品与艾滋病、解决无家可归者等（刘彭，2013）。英国现行的慈善法中规定了慈善的多种类型，具体包括预防和消除贫困、促进教育、促进宗教信仰、促进健康、促进社会和社群发展、促进科学文化艺术的发展和保护遗产、促进业余体育、促进人权争端解决和协商、促进环境保护、提升动物福利、提供社会住房、促进良好的社区关系、促进商业伦理的确立、对第三世界生产者的公平交易、有利于社群的其他目的（刘培峰，2012：46）。

与英美国家的经验相比，中国基督教慈善事业还处于初级阶段。王莹（2011：53）在其对河南省Y县基督教会的调查中发现，基督教会除了不定期的、被动的慈善活动，如当出现大的灾害时基督教会的慈善捐款等，以及信徒个人的公益行动，如村里修路时捐款等，在有组织的、定期的社会公益活动层面基本是空缺的……基督教会社会功能的呈现依然局限于传统的精神和伦理道德领域，并且对基督徒之外的社会群体的影响十分有限。黄海波（2007：29-30）也有相似的发现，他认为基督教组织的社会公益活动大多仍集中在信徒内部，尚未有效地以组织化的形式进入世俗的公益事业领域；进一步而言，亦即以有形教会等纯粹的宗教组织为运作主体的社会服务等公益事业，仍然只在基督教界内部开展，尚不能以制度化的形式走出信徒互助的内部领域，从而面向一般社会。本节，我们重点考察K市教会有没有借助其所获得的资源以及所具有的资源动员能力走出传统慈善的格局而开创一些新型公益活动呢？

一、天使乐队

K 市教会内部活跃着这样一支乐队，他们不仅为教会内弟兄姊妹的婚丧嫁娶提供免费的服务，同时也志愿参与市里的文化艺术活动。让我们首先看一看这支乐队的缘起、发展近况以及它整合了哪些资源促成慈善活动的开展。

1. 缘起与动员

基督徒的葬礼，与世俗葬礼相比，仪式更为简单，气氛也较平静肃穆。在基督徒看来，死亡不是人最终的结局，葬礼只是送耶稣的仆人或使女回到神的家中去了，无需为死者的灵魂和后事操心，一切自有上帝做安排。同时，基督徒认为世俗葬礼充斥着迷信色彩，又在奢华靡费上争上风，已丧失了葬礼应有的孝道和哀伤之情的体现（王莹，2011：147，154）。因此，教会一直推崇形式简单的葬礼。但是生活中，信徒对于这种推广也产生了一些困惑：

> 人家信佛的，家里有个丧事就请乐队来吹奏，我们不烧香不磕头不烧纸钱不轧纸，假的东西不要，主张简朴，但是别人看我们就觉得你们信基督的怎么这么可怜，死了都没人问的。所以如果我们自己也有一支这样的乐队，既能服务信徒，又能扩大影响，不是很好吗？（访谈对象 211）

于是，借鉴其他兄弟教会的过往经验，K 市教会提出了建立乐队的设想，他们对乐队的定位是这样的：

> 我们基督教的这支圣乐队要有别于社会上的一些组织，不搞形式化，不凑热闹，不虚张声势，要实实在在地为人民服务，把基督的爱带到人的面前和人一起分享。我们注重的是一种内里的生命，借着这样的侍奉把人带到神的面前来。让人认识神、亲近神，得着主耶稣的爱。（访谈对象 101）

2001 年 2 月初，成立乐队的想法在常委会上得到大家的支持后，各常委会委员又回到所在堂委会开了几次协调会议，乐队筹备工作正式开始。首先是在各堂点主日报告，并将同年 7 月 22 日的主日奉献款全部作为组建乐队的费用，当天共计收到奉献款 33133.4 元。随后，开始招募乐队成员，教会定的成员要求比较高，需要"信仰纯正的人，因为这个要奉献的，没有工资的，有一点乐理基础。"（访谈对象 101）实际最终招募来的人大都没有任何音乐基础，不会识谱，但好在"他们有这个热心，就慢慢学起来了。"（访谈对象 101）经过这样的筹建、练习，当年 9 月，乐队正式成立。

师资方面，因为 K 市教会正式成立乐队之前曾经到附近的 W 县教会学习，那里已经有一支乐队，通过 W 县教会的介绍，一位吴姓老师开始教授，但乐队规模较小，只有小号、中号和长号，只能吹奏一声部的曲子。乐队希望进一步扩大规模发展，2004 年，他们又新聘请了一位非信徒老师，该老师的专业背景更强，除了进一步增募人员，扩大乐队的装备，如新增长笛、短笛、黑管、萨克斯、大号、圆号等，在乐曲选择上也更加丰富，乐队甚至开始练习有十几个声部的合奏曲，如《拉德次基进行曲》《双鹰旗下的进行曲》《我的祖国》等。

2. 开展活动

天使乐队分为大乐队和小乐队，大乐队主要的活动集中于新年音乐会、文化节活动及教会间的出访交流，而平日更为活跃的是小乐队，小乐队直接提供婚丧嫁娶的服务，根据乐队成员的来源地和服务对象，小乐队又分为两支，一支是以 DSH 堂为基础，服务范围涉及 DSH 镇和邻近的 QD 镇、SPU 镇，而另外一支小乐队则以 KS 堂为基础，服务于 K 市市区及周边乡镇。一般如教会内有信徒去世，其家属会通知负责乐队的牧师，由牧师再联系乐队成员，通知时间和集合地点。如果遇到一天晚上连续两三场的，则需要牧师联系另一个小乐队负责人进行协调配合。

乐队章程

乐队的主要服务对象是: K 市及外地在 K 市居住的基督徒和其它活动等。只要信徒有需要，乐队都会及时提供服务。信徒邀请乐队需由家主向教会所在地的负责人或乐队负责人提出要求，负责人将按照先后顺序对其进行安排。邀请乐队无论是"婚事"或"丧事"，必须遵守教会真理，不搞封建迷信活动。用于婚事时，须提前七天与教会所在地的负责人或乐队负责人联系，以便安排; 用于丧事时，具体时间将根据实际情况决定。无论婚事、丧事乐队不收取费用，事后家主乐意奉献的，由会计开出收据入账，奉献款项用于乐队活动，任何人不得私自借用或挪用。

笔者参与观察了小乐队的服务过程，这里以 2013 年 2 月参与的一场丧事观察笔记为例：

> 客厅中央安放着逝者遗体，四周坐着很多年长的信徒以及逝者的亲戚，以信徒为主，大约四十多人，几乎坐满了整个房间。信徒唱诗。
>
> 18 点 55 分开始乐队表演，据乐队成员介绍，开始时间并不固定，只要乐队成员集中完毕即可开始。但每次葬礼服务必须 10 人以上，有大鼓、小军鼓、镲、小号、中号、大号、圆号、萨克斯。
>
> 19 点零 9 分乐队暂停，一位女信徒开始分享。一般如果听众都是本地人则以本地话讲道，如果有外地人，则用普通话。
>
> 19 点 27 分，大家一起唱诗。
>
> 19 点 29 分，乐队再次表演，19 点 46 分结束，家属围绕死者转圈送别。
>
> 一般乐队在逝者火化的前一天晚上服务。

因为 DSH 镇信徒较多，因此以 DSH 为主的小乐队通常比较忙碌，据负责该乐队的 Y 牧师介绍，"一个星期平均两三次，有时甚至一个晚上两三场。2009 年大概做了一个统计，一年下来一百多场。所以十年下来估计要有一千多场了。"（访谈对象 104）

3. 乐队影响

乐队十几年来积极、认真地为信徒及家属提供免费的丧事服务，这不仅仅关乎信徒个体生命礼仪，更对家属及周边邻人乃至所在社区带来影响。乐队年度工作小结中有这样一段话：

> 吹奏过程中，乐队成员不抽烟、不喝酒，甚至不吃一顿饭，特别是 DSH 镇，信徒多，丧事礼拜也特多，有时一个星期每天晚上都要去做丧事礼拜，有时一个晚上就有 3 到 4 家，乐队成员克服种种困难，本着一颗爱神爱人的心，始终如一为大家免费服务。有时，到了这一家，顾不得喝一口茶，吹好了，又匆匆忙忙到另一家。丧家的亲人都非常满意教会的这一传统，心里也得到特别的慰藉，特别为乐队免费为大家服务而深深感动，有的说："在如今经济社会里一切向钱看，已找不到第二个这样免费服务的团队了，只有教会有。"政府分管领导也是大加赞赏："基督教文化与我们三个文明是一致的，你们全心全意为人民服务令人钦佩。"

除了小乐队外，大乐队还先后被邀请参与过在 K 市大戏院举行的"三颂"演讲会之文艺演出部分、K 市嘉年华旅游节、公园文化广场和社区文艺演出等活动。通过这样的交流演出，乐队真正实现了其创立之初的追求与理想，"我们要在不同环境，不同的场合为人们服务，把美的享受带给一切需要的人。"

由此我们可以发现，教会开展慈善活动已经超出了肢体互助的局限，而将受益人群扩大到教会外的人或群体，并且这种行为是主动的，并无任何行政指令性的特征。

二、迦南书画院

2013 年 1 月底，当笔者走进 K 市教会办公大厅的时候，映入眼帘的是几位长者围绕一张大桌子书写春联，这就是教会名下的民办非企业单位——迦南书画院正在进行的一场活动。

1. 创立缘起

教会 W 牧师在接受媒体记者采访时，谈及迦南书画院的成立缘由，是这样说的："K 市作为上海经济圈中一个重要的新兴工商城市，吸引众多海内外的投资者，其中有不少基督徒企业家是书画收藏爱好者。如何搭建爱心平台，吸引基督徒企业家投入慈善事业；如何以更好的方式引导信徒参与社会服务，思考着这些问题，最后成立了这个书画院。"

在深入的访谈后，牧师给我讲了更多关于这个书画院成立的渊源与曲折。

> 最早有个人，他比较喜欢书画，找到我，开始我不太同意，后来他经常来跟我谈，建议我们用中国书法的形式把《圣经》里的内容表现出来，这也不错呀，但因为牵涉到教会做这个事情，我说教会没这个精力的，我们也没这个人才。当时他自己注册了一个书画社，在工商局注册，经营性质的，他刚到 K 市也拓展不了什么事情，我就带他跟这边的书画界，美协主席呀，知名书画家交流，他说可以为建造教堂搞义卖，于是教会和书画社联合起来在 DSH 镇搞了一次义卖，效果不错，很多弟兄姊妹都过去，搞的还有模有样的，大家很开心。在这个基础上我就酝酿，成立一个教会自己的书画院，而这个人，也成为我们书画院的经纪人。（访谈对象 101）

迦南书画院成为经 K 市民族宗教事务局批准，市民政局登记，隶属于 K 市基督教三自爱国运动委员会的民办非企业单位，其办院宗旨是继承和弘扬我国传统文化，努力发扬爱心，让基督教更好地走中国本色化的道路，与中国传统文化更好地融合，同时也是为了提升基督徒的文化修养和素质，让更多的基督徒参与社会文化建设。

2. 组织与活动

迦南书画院筹备与成立之初，首先做的是人力资源的储备问题。书画院主要分为两块人力资源，一是管理方面，主要由教会负责人担任，另一块是业务方面，包括院长以及众书画家。

经过别人的推荐引荐，教会邀请了河南省政协书画院的 WP 先生担任院长。

> 成立书画院时要找一个院长，WP 院长儿子当时在 K 市做生意，和我们那个经纪人也认识的，就推荐了 W 院长，我们特意去河南郑州书画院拜访，然后义定好时间请他过来，筹备成立这个书画院。（访谈对象 101）

除了 WP 院长外，书画院还邀请了其他来自河南、安徽、江苏、北京的书画家担任一定的职务，在 K 市基督教会的网站上有关于这些书画家的简单介绍。这些书画家并不是固定的建制在一起，而是有活动时大家一起参与。他们中有的是信徒，有的不是，"只要你愿意做慈善事业，喜欢参与我们的活动，都可以，我们这些活动在社会上是文明、积极的，所以大家都愿意参加，我们欢迎"。（访谈对象 212）

书画院举行的活动主要有义卖和画展。如 2008 年 9 月 19 日到 26 日书画院在市美术馆举办了"迦南书画院名家作品展"，通过这样的形式让更多的民众既感受到艺术的魅力，又能体悟到基督教教义与中国传统文化中的结合。义卖的所得收入主要用于教会建堂或是资助贫困学生，而画展的举办则以宣传基督教文化为目的。

三、"福音镇"的姐妹心语室

走进 DSH 教堂办公楼的二楼，迎面而来的是一间办公室，门楣上挂着"姐妹心语室 DSH 教堂"。单从名称来看，这应该是一项由教会内姐妹提供的围绕心理疏导为主要内容的服务，那么该服务如何被提出，哪些人参与，受益人是谁，服务效果如何呢？

1. 从福音镇说起

福音镇，是笔者给 DSH 镇起的别称。DSH 镇位于 K 市东南，东临上海，西接 S 市，北倚沪宁铁路、沪宁高速公路、312 国道，南靠上海朱家角。该镇总面积 66 平方千米。行政村 11 个，村民小组 306 个。居委会 6 个，居民小组 45 个，户籍人口 25,237 人。DSH 镇先后获得"国家卫生镇"、"全国环境优美乡镇"、"江苏省文明镇"、"江苏省文明小城镇"、"中国民间文化艺术（戏曲）之乡"等称号。之所以称之为福音镇，是因为相对于 2.7%（李向平等，2012：19）基督徒比例的长江三角洲而言，DSH 镇的本地户籍人口中基督教信徒比例达到五分之一。如此高比例信徒的乡镇在江苏一带并不多见，因此，笔者称之为"福音镇"。

笔者在 DSH 镇进行访谈时，几乎每位牧长、信徒都会提到当地信徒多这一事实。早在二十世纪八十年代，当地信徒只有十几余人，能够发展到今天的规模，综合大家的解释以及笔者的分析，出现这一现象的原因大致有以下几点：从地理上分析，DSH 位于 K 市东南角，属于偏僻之处，80 年代从 DSH 到 K 市完全依赖于走水路，据年长信徒回忆，如果需要去 K 市市区办事，甚至无法实现当天往返。即使到了 2013 年，笔者每次从市区到 DSH 镇搭乘公车单程仍需要 2 个小时左右。因此，我们可以初步判断，二十世纪八九十年代的 DSH 镇因为地理之故与外界的联系十分有限。在这个相对独立而闭塞的乡土环境中，福音由一户传至另一户，一村传至另一村。

除了口口相传外，邻里之间的互相帮助也让福音在信徒的实际行动中传播出去。比如农忙季节，信徒会主动帮助那些缺乏劳动力的家庭栽种、收割粮食，甚至当时就住在 DSH 堂阁楼里的 H 牧师也经常拜访农户，参与农活，照顾镇上的孤寡老人。"在一个人际关系密切的封闭性社群里，这种藉行为证实理论的方法是相当有效的，其所产生的吸引力亦大。"（梁家麟，1999：230）

> 基本上每户人家都有一个信徒，平均来说。我们这边没什么逼迫，因为大家都是信徒。1984 到 1989 年从十几个人到几千人，我小时候就觉得大家的信心特别好，特别愿意帮忙。不管路远，白天黑夜，有什么探访需要，大家都愿意跑出去，而且大家都很同心，我们基本没什么纷争，小的矛盾肯定是有的，但基本都是同心的。
>
> （访谈对象 104）

第三，基督教能够快速传播还与当地的宗教生态有关，即大家普遍认为当地信佛、信民间信仰的人很少，这与 K 市佛教盛行的整体氛围是不同的。

> DSH 这个地方，一直没有什么到节日去烧个香，三五成群的，
> 没有。一听到信耶稣好，他们更容易接受。如果一开始有拜菩萨的，
> 他们可能就排斥基督了。（访谈对象 102）

除了信徒发展快外，我们还可以从教堂建设的变化中管窥 DSH 教会的发展。1985 年，当 DSH 教会只有七八个信徒时，一位姊妹的家就是他们的聚会点，当时主要由来自市区的 D 长老等同工每两周下来一次讲道。到了 1989 年 DSH 镇信徒已增至 1000 多人。姊妹的家无法满足这么多信徒的聚会要求，于是教会开始多次向政府写申请终获批准。1989 年 7 月，一座能容纳 1200 人的教堂建立起来，教堂建造费用共 18 万元，都是弟兄姊妹及弟兄教会奉献而来。1990 年金陵神学院毕业的神学生 H 老师（1996 年在 DSH 教堂按立牧师）分配到该堂传道、管理、主持教会各样事务，也是这个时候起，教堂成立了堂委会，制定了规章制度，诗班组、探望组、祷告组、财务组、后勤组等各个小组也逐一组建起来。教会信徒人数不断增加，十年前所建的教堂到 1998 年已不能满足信徒做礼拜的需要。经批准，教会于 1999 年在老教堂旁边建造了一座同样大小的新堂，又建起了办公楼。随着信徒的逐渐增多以及教务、社会事务的开展，2012 年当地乡镇政府又划拨 7.6 亩土地，加上原来的 4.7 亩，共 12.3 亩土地，给 DSH 教会重建教堂。新教堂面积约为 4400 平方米，分办公区、主日学、食堂、厨房、培训及教堂附属房等，投资约 3000 万元，笔者田野期间该新教堂正在筹备之中。

由此，我们可以大致勾勒出福音镇的教会发展状况。信徒在当地人口中人数比较多，"几乎每户人家都有一个基督徒"决定了教会各项事工，不论教务的，还是社会性的，都可以在当地社区比较顺利地进行，同时当地政府也愿意借助这个平台做出一些业绩，特别是在教会有丰富的人力资源基础上。因此，姐妹心语室就是在这样一个大环境中成立、运行。

2. 项目申请与筹备

姐妹心语室的成立直接源自 K 市首届公益创投项目。2012 年，在 K 市 25 个政府部门的联合推动下，由爱德基金会 K 市社会组织培育中心承办的首届公益创投活动举行，该活动利用"福彩公益金"为种子基金，通过项目征集、资助和第三方评估等环节，资助与扶持符合"扶老、助残、救孤、济困"

宗旨的公益服务项目和公益服务组织。于是，K 市妇联借用这样的时机，递交了一份创投项目申请书，"K 市 DSH 镇幸福家庭建设服务中心"，妇联方面希望运用社会工作方法争取到项目资金，这样既可以更好地、更有针对性地服务需要帮助的妇女儿童，也可以在一定程度上延伸妇联工作的臂膀，而这项活动的具体实施则交由 DSH 教会来负责。

教会也非常乐意接受妇联抛来的橄榄枝。

> 心理疏导、家庭探访这块工作我们以前就有在做，没有这个项目也在做，所以妇联他们来希望我们做，我们就答应了。只是以前我们的人员不固定，志愿者也都是负责自己所在的村或社区。有了这个项目，我们招募了固定的志愿者，服务范围也不再局限某一个村，而是面向整个镇的所有村落了。（访谈对象 104）

3. 活动开展

根据项目建议书，该项目周期为一年，主要以姐妹心语室为主体，开展咨询服务、社区大众宣传和专业培训活动。

（1）咨询服务

首先在教会内征集志愿者，具体包括 11 名义工和 24 名幸福家庭建设志愿者，义工们于固定的日子在姐妹心语室值班，负责接待来访或电话咨询。在一份姐妹心语室来信来访接待记录卡中，笔者看到，该卡详细记录了来访者姓名、性别、年龄、工作单位、电话、家庭地址、来访日期、来访类型、接待人，并在反映问题一栏中详细记录了来访者的困难。例如，她们这样记录一位 38 岁的女性到心语室所诉说的痛苦："夫妻吵架，因老公丢了一辆刚买的摩托车（价格很贵 6000 多元），他们又是外来打工的，挣钱少，所以妻子经常唠叨不休，天天吵架，老公又觉得她烦，不理不睬她，所以心里很不舒服，心情不好。"在处理意见一栏中，义工写道："开导她换位思考，凡事忍耐，夫妻间应彼此宽容，钱不是万能的，夫妻和睦健康才是最重要的。"经过这样的开导，"当事人心情好多了，脸上也出现了笑容"。对于这样的案例，心语室的义工们多以倾听的方式，并不会采取特别的干预。同时对于一些到教会反映民事纠纷的情况，义工们则将这些问题反映到相关部门或寻求相关专家的帮助。

（2）社区大众宣传

"姐妹心语室"自成立以来已经先后走进 HX 等村社开展心理关爱活动，活动主要针对婚姻家庭纠纷和因工作生活中的诸多问题引发的心理障碍，为女性提供法律、道德、心理慰藉等服务和帮助。24 名志愿者分成五组，与社区中需要重点帮助的家庭结对，这些家庭或经济困难，或老人独居，或有婚姻纠葛，志愿者们便定期拜访帮助这些家庭。例如，第五组志愿者的结对名单中有这样三户人家："家境贫困和儿子相依为命，需要帮助"、"小孩没人照顾，需要帮助"、"年老，子女都在外地，无人照顾，眼睛看不清"。对于其中有基督教信仰背景的家庭，志愿者们也会以祷告的形式服务于对象。例如，夏姊妹等四名志愿者在工作日志中这样描写她们对一名 75 岁朱姊妹的服务内容：

> 8 月 10 日傍晚我们一起去探望：朱姊妹腿脚不方便并有病多年，只能在自己家中行动，不能到外面，子女又不在身边，我们帮她一起祷告，陪她聊天，还帮她铺了床铺。

> 8 月 24 日傍晚我们再一次去看望她，和她一起聊天沟通，禁不住流下了眼泪，整日一个人在家显格外孤单，而且她的喉咙也不太好，一直疼，所以我们一起帮她代祷，求神保守眷顾。我们还告诉她，我们是幸福家庭志愿者，以后有什么需要或帮助的来找我们。

2013 年 6 月 16 日下午，笔者跟随 10 名义工走进现场实地观察参与了活动全程。大家于　点钟在教堂集合，乘坐一辆面包车前往 HX 村。车在村中心，一个临街的小广场停下，借来的长桌椅子已经安置在广场中间，一条内容为"福满 DSH 巾帼添温馨'姐妹心语室'心理关爱活动 K 市首届公益创投"的横幅挂在上空。志愿者的到来吸引了附近一些居民过来，很快志愿者和这些好奇张望的居民开始攀谈起来。有的老人诉说自己的疾病，有的人反映家中亲子问题。

随后，大家又邀请事先联系好的两对婆媳讲述她们的家庭生活故事，虽然笔者不能完全听懂当地话，但阵阵笑语能够反映出这是一个非常愉快、受大家欢迎的分享活动。随后，志愿者开始根据村里提供的困难户资料进行走访。那天下午义工走访了两户，一户是三十九岁患有小儿麻痹症的男子，妈妈打工，爸爸一边照顾家庭一边在村里做一些保洁工作。另一户是四十出头因高空作业发生事故目前只能坐轮椅而无法自理生活的男性。这两户家庭都是失去青壮年劳动力的困难家庭，志愿者们询问了情况，劝慰患者或者患者家属要放宽心，耐心照顾，并赠送了礼物。整个活动大约持续了两个小时。

截至 2012 年 8 月底，姐妹心语室共计完成志愿者服务 14 人次，服务对象年龄从 60 岁至 90 岁不等，主要涉及孤寡老人或年老体弱因病致贫的人群，心语室团队通过慰问、谈心、提供生活用品等方式给他们带去关爱。

（3）专业培训

因为姐妹心语室的这些志愿者不具有心理专业技能，因此，为了提高服务质量，该项目还特别设计了专业培训活动，即每月聘请有资质的专业心理咨询师来教堂对志愿者进行一次培训，此外还邀请了镇婚姻家庭调解志愿者 S 先生做关于"相约心语室 谈谈烦心事"的专题讲座。

4. 项目评估

既然姐妹心语室作为一个公益创投项目在进行，我们有必要做一个评估，通过上面的分析，我们可以发现，该项目存在以下两点有待改善的地方：

项目管理理念。在笔者与堂里的负责人（访谈对象 104）访谈中发现，大家对项目的概念很模糊。

> 问：这个创投项目的资金从哪里来的呢？
>
> 答：这个我倒不清楚，是今年刚刚开始。
>
> 问：那等项目结束了，资金没了，怎么办呢？
>
> 答：这个我不知道。我们只负责搞策划，找志愿者，找村做活动。
>
> 问：创投项目有时间限制的吧？
>
> 答：这个不清楚。
>
> 问：这些活动多久开展一次？是固定时间开展的吗？
>
> 答：这个项目是下半年才开始，搞过一次，上个月我太忙了，
>
> 托给另外一个姐妹，她也忙，所以上个月没做，这个月又开始了。

从这个简单的对话我们可以看到，DSH 堂并没有把姐妹心语室作为一个独立的公益项目来看待，他们仍然将其视为传统事工的延续，无论是理念、工作方法还是目标期待都与以前没有发生明显的变化。对于自身在整个项目中的定位，负责人称"一般是妇联指导，交代我们做什么，我们来配合"。这种缺乏主体参与性的局面同时带来了该项目的可持续问题。笔者问负责姐妹心语室的何姐妹，如果项目结束，所有这些活动都还会继续吗？她遗憾的

说，可能大部分都要停掉了，只会保留入户探访，而这正是教会以前就已开展的传统事工。

该项目的外部督导专家在督导日记中这样写道：

> 有志愿者承认项目参与性的缺陷，认为项目早期计划过程的参与缺失导致责任感的缺失，应该让志愿者充分了解项目和项目的意义，才能真正有准备有责任地参加进来。对项目是"在一定期限内达到明确的既定目标"也表示赞同，应该区分日常工作和项目，否则做项目和以前的普通实践就没有区别了。（来自访谈对象 303 的督导日志）

项目的第二个挑战是受益人的局限与基督教的声音。从受益人的角度来看，项目最初的设计思路是希望面向 DSH 镇的所有人，但笔者观察发现，无论是咨询还是入户，受益者仍然以教会内的信徒为主，虽然教会也极力避免这样的局面。一位义工这样说道：

> 那些不信主的，尤其家里没有一个人信主的，即使我们主动靠近他们，他们也会拒绝我们的拜访。所以我们只能去探访那些至少家属中有信的，他们才让我们进门。（访谈对象210）

此外，笔者在参与观察姐妹心语室的工作如社区活动时发现，活动中并没有明显的带有"基督教"字样的标识。这一点疑问在咨询负责项目创投工作人员（访谈对象 304）时也得到了肯定，她坦言在项目申报书中尽量规避了"教会"色彩，刻意淡化该活动的宗教背景。对于组织要素被"置括"这一事实，虽然教会负责人认为这本来就是教会做的事情，挂不挂名无所谓，但言语中仍然透露少许无奈之情。

第三节　案例分析：资源的视角

上一节我们对 K 市教会的三个慈善公益案例进行了比较全面和详细的描述，但是，这些描述只有与理论结合才能帮助我们更好地理解基督教慈善公益事业，下面，笔者就以资源的视角对这三个慈善公益案例分别做更深入的分析。

一、对"天使乐队"的资源及动员整合的分析

1. 人力资源

乐队所有的成员均来自 K 市各堂点。笔者在乐队中发放了问卷，最终收回有效问卷 17 份。[1]我们可以大致看出乐队成员的基本信息。

性别方面，女性为主，有 13 人，男性 4 人。年龄方面，最年长的已 60 岁，最年轻的 25 岁，平均年龄 46 岁，其中 20-30 岁的有 1 人，30-40 岁的 2 人，40-50 岁的有 9 人，50 岁以上的只有 1 人，队员主要集中于四五十岁这个年龄段。职业方面，乐队中除了个别为专职侍奉的牧师外，其他成员多为自由职业或务农，这可能与参加乐队需要比较自由和宽松的时间有关。年轻人一般都在工作，不能保证充足的时间进行练习和演出，而太过年长的则在识谱、弹奏方面较为困难。67 岁的 T 姊妹苦恼于她的后继无人：

> 我早就想退啦，你看我这么一大把年纪，我觉得应该把这个事交给年轻人去做了，可是没有人接呀。（访谈对象 203）

文化水平方面，乐队成员中小学毕业的有 6 人，初中毕业的有 6 人，高中毕业的有 1 人，大专及其以上的有 4 人。但鉴于该乐队中还有牧师参与，因此，我们可以初步判断，大专及本科学历的成员多半是牧师，而除了牧师以外的成员的文化水平则集中于小学和初中毕业。

虽然乐队成员的受教育水平普遍不高，但并不影响他们在乐队侍奉的热情和积极性。问卷显示，在参加乐队之前没有一个人摸过乐器，但经过刻苦的训练他们现在已经完全能胜任自己的角色，这与他们的信仰有紧密关系。在这 17 名成员中，有 12 人已经信仰基督 15 年以上，大多数人都认为自己的信仰"非常虔诚"或"比较虔诚"，问及参与乐队侍奉的想法，几乎每个人都勾选了"见证神的爱"，其中信徒在回答"参加乐队对教会及个人的意义之所在"问题时多重点强调"乐队是见证圣爱、传播福音的最好的窗口，本人乐意参加"，"赞美神、见证神、传扬基督"，从服务信徒角度来看，他们认为"这是我们应尽的本分"，就个人信仰而言，"乐队是对信徒个人信心上的鼓舞"，还有信徒喜欢这样的团契生活，"乐队一起训练，出去演出，这也是一种团契，其乐融融。"

1　受教育水平或问卷内容较为敏感的原因，在这 17 份问卷中，仍然有部分题目没有得到回答，主要集中于收入、奉献金额和开放问题。

2. 资金资源

成立至今，乐队所有服务均为免费，无任何赢利收入。那么维持乐队正常运行的费用，如乐器升级、服装更新等从哪里来呢？

> 最开始，三自爱国会出了一点启动基金，每个堂点也发动，大的堂点多拿一点，小的堂点少拿一点，之后基本是靠信徒的奉献。
> （访谈对象 101）

另外，乐队在为信徒个人或家庭服务完以后，如果家主乐意奉献，也可由教会财务开出收据入账，奉献款项专门用于圣乐队的活动。

3. 政府资源

笔者跟随乐队出访兄弟教会参加"圣乐交流"时，其他乐队对 K 市天使乐队的两个特征大为感叹，一是乐队能够十多年提供免费服务，二是乐队能够获得当地政府的支持。据教会牧师介绍，从 2005 年开始，DSH 镇开始为乐队专项拨款用于支持乐器升级和服装更新，2005 年拨款 2 万元，2006 年拨款 4 万元，2007 年拨款 5 万元，2008 年拨款 5 万元，2009 年拨款 6 万元，2010 年拨款 6 万元，2011 年拨款 7 万元，合计已经接近四十余万。

追溯拨款事由，DSH 教堂 Y 牧师说："换第二任老师时，他说我们一边学习新的吹奏方法但同时还在以以前的方式吹奏，必须停止服务一段时间，这样新学的才能稳固下来。于是我们做丧事礼拜就停了一段时间。但就是在停的这段时期，一位镇上的领导问我：'你们怎么不出来了？是不是你们没有资金了？如果你们缺钱政府就赞助一点。'从那年开始政府每年拨款 2 万元，又请本地企业老板赞助了一些，加起来有 5 万，一共就 7 万。自那以后，我们每年都向政府申请资金。"有趣的是，这个看似简单的世俗力量支持教会事务的例子在进一步追问下，仍然掺杂着"关系"的成分。"分管领导正好也是我的堂哥，我堂哥的父母都信主，他是党员，当时是镇上副书记，那一年正好分管我们。他就问我，所以那一年开始他给我们，他前面做过了，后面的人，就都有了。"（访谈对象 103）

二、对"迦南书画院"的资源及动员整合的分析

回顾 K 市教会开展的三项有特色的慈善活动：天使乐队、迦南书画院和姐妹心语室，笔者跟教会 W 牧师分享了自己的心得体会，乐队是传统的形式但是开展的很稳定也受大家欢迎，姐妹心语室是一种新型的公益形式，虽然

年轻，但是前途光明，而迦南书画院则似乎处于发展瓶颈状态，甚至有停滞不前之感。W牧师认同了笔者的这个归纳，他也认为书画院的发展受限于资源的动员能力。从小的方面看，受场地所限，书画院不能开展更多的活动。

> 书画这块，要做的好就要多举办活动，但现在房子不够，原来计划推倒房子建一个大厦，但现在暂时还批不下来，落实不了，所以活动场所受到限制。只能在教会办公室，你也看到了，乒乓球案子撑开，在上面写写画画。（访谈对象101）

其次，人力资源也不够充分，尤其是能将书画引向市场的"经纪人"：

> 为什么书画院不冷不热的状态呢？我们缺少一位经纪人，经纪人要有穿针引线的作用，既有对书画的眼力，也有对市场经营的能力。原来那个建议我们成立书画院的人，这个人后来到处乱骗，很会忽悠，忽悠的过头了，所以我让他走了。W院长呢，他儿子也在做这块事情，所以他的很多精力都在他儿子那。所以我们的活动就一直停滞不前。（访谈对象101）

由此我们可以看到，书画院如果仅仅整合书画家资源，局限于教会内开展活动，其影响力必然有限。如果能够进一步整合社会资源，尤其是市场资源，其发展空间才能得以扩展。

三、对"姐妹心语室"的资源及整合的分析

如果按资金量来统计慈善活动的话，那么姐妹心语室将不被列入慈善活动之中，因为单就资金而言，该活动几乎是零成本的。其次，从项目内容上看，姐妹心语室似乎只是承袭了过去教会探访工作的传统并略作补充，那么在此详细论述这个案例的意义何在呢？笔者认为，这是一个将神圣与世俗资源整合，并且把慈善活动从过去传统的教会内的肢体互助推向公共场合，教会以信仰共同体的身份参与社会建设的一个很好的案例，值得我们讨论、思考。

我们可以看出，该活动中最核心同时最为丰富的是人力资源，具体包括教会的志愿者团队和外部专家资源。

> 我们这个小组有三十多号人，她们都有自己的工作，打工的，做生意的，很多志愿者一周工作六天。所以虽然每次活动不需要这么多人，但大家可以轮流，有个突然来不了的时候，有人替换。（访谈对象204）

教会有探访工作的传统，堂点里专门配置了探访小组，同时志愿者也有足够的爱心去做这个事，"我们就是凭着自己的爱心，热情去做这个事情。"（访谈对象204）但客观评价，传统与爱心不能完全弥补专业性上的不足，这时就需要依靠外部专家团队的力量。从表4-2我们看出，这支专家团队主要集中于心理咨询、家庭纠纷以及法律咨询领域，这些都是探访小组以及姐妹心语室经常遇到个案烦恼的领域。项目督导跟笔者分享了这样一个案例：

> 有一名志愿者，她会将案主的隐私和盘托出告诉其他人，专家过去做了培训之后，她才意识到这样做是不对的，但是在被纠正以后她现在都不敢再开口发言了。所以我建议他们，如果该创投项目还有第二期的话，希望他们在项目设计中优先考虑专业培训问题，这样他们今后开展其他公益活动才有一个良好的基础。（访谈对象303）

表4-2 "姐妹心语室"项目的外部专家团队成员一览表

姓　　名	性别	年　龄	学历及专业	专业资质	项目分工
专家一	男	34	法律本科	调解师	弱势群体关爱等
专家二	男	31	法律本科		法律咨询、宣传
专家三	男	65	中专	助理调解师	婚姻家庭纠纷调解、培训等
专家四	女	30	大专		心理咨询方面
专家五	女	47	大专		心理咨询方面

资料来源：K市DSH教堂

此外，该活动也得到了基层政府部门的支持。如果跳出教会的框架，放眼整个项目的设计思路我们会发现，由市妇联策划的该项目不仅包括姐妹心语室、社区走访和困难户个案关怀这些从文字上看属于社工和心理学范畴的精神关怀与社会支持，实际上深层意义的，更是怀抱着疏通社情民意、化解利益冲突和社会矛盾的期望，带有明显的政府立场。

第四节　本章小结

宗教界在慈善事业发展中发挥着日益重要的作用。我们的研究对象，K市教会，在多年的摸索中也逐渐形成了自己的慈善机制，尽力使慈善活动更加常态化、机制化。

慈善内容方面，教会既有以教会内弟兄姊妹为主要目标群体的肢体互助，也有面向所有大众的公益活动。大体而言，教会慈善呈现既有传统的熟人慈善和一对一的个体慈善，又有以社会责任伦理和陌生人伦理作为价值支撑的现代公益的双重特征。

限于教会本身的资源与条件，目前慈善活动以资金输出为主。这些资金主要来源于信徒的奉献。慈善开展途径方面，有的活动由教会亲力亲为，而有的活动则主要通过第三方媒介，如爱德基金会或民政系统来操作，这样便出现了教会缺乏对捐献出去的资金去向的跟踪问题，同时，信徒也因为对教会组织的无限信任而疏于对奉献款的监督，这是教会开展慈善所体现出来的与一般公益机构的不同之处。

信仰的诉求及荣耀神是教会开展慈善、信徒乐于奉献的主要原因。越来越多的信徒认识到需要多"行"，例如慈善来体现出个体信仰的价值，即通过实践基督精神来感受基督信仰的存在，也让更多人认识基督信仰。

本章还重点描述了 K 市教会开展的三个新型公益案例：天使乐队、迦南书画院和姐妹心语室。这三个慈善活动进展不一，通过分析我们发现，活动开展的好坏直接与资源的整合度有关。具体的，因为有着较为丰富的人力资源和宗教特色（音乐），天使乐队不仅服务于教会内的弟兄姊妹，还可以借助这一品牌优势参与到重大公共文化活动中，反映颇好。迦南书画院，因为缺少一位将书画与市场衔接起来的中间人，因此活动不算丰富，其影响力也就相对有限。而姐妹心语室，作为公益创投项目之一，依托于教会原有的人力、经验，同时又得到了政府的支持，开展较为顺利，但其可持续性有待进一步观察。

第五章　慈善模式转变与政教关系在基层的反映

第一节　从慈善到公益的模式转变

一、新型公益慈善形式的出现

不可否认，教会开展宗教慈善仍然摆脱不了行政依附的特征，如"慈善周"、"慈善月"就是其体现，但我们仍可以发现一些新型的慈善类型，这些慈善甚至已经具备公益的特征。如上文我们探讨的 K 市教会开展的三个慈善案例：天使乐队、迦南书画院和姐妹心语室。

从内容上看，这三个案例并不让人陌生，音乐、探访、心理咨询、书画……但是 K 市教会把这些传统活动重新包装，"旧皮袋装新酒"，从而呈现出不一样的公益效果。

从效果来看，这三个慈善活动，有的开展的比较顺利，有的刚刚起步，还有的则陷于瓶颈。通过分析我们发现，活动开展的好坏直接与资源的整合度有关。具体的，因为有着较为丰富的人力资源和宗教特色（音乐），天使乐队不仅服务于教会内的弟兄姊妹，还可以借助这一品牌优势参与到重大公共文化活动中，反映颇好。迦南书画院，因为缺少一位将书画与市场衔接起来的中间人，所以活动不算丰富，其影响力也就有限了。而姐妹心语室，作为创投项目之一，依托于教会原有的人力、经验，同时又得到了政府的支持，目前开展的比较顺利，但其可持续性有待考验。

那么，对于像天使乐队、迦南书画院这样形式的慈善活动，其区别于传统慈善的特点有哪些呢？

作为慈善活动的参与者，其参与感和成就感增强，虽然他们可能需要投入更多的时间、精力、金钱，但是面对受助者的变化，参与者的内心得到充实，价值诉求得以表达，这种成就感会进一步促进其慈善行为的增多，更重要的是，慈善活动为信仰者提供了一种社会交往的空间和公共生活的方式，信仰的社会性、公共意义在信徒身上得到充分的体现。

作为受助者，他们虽然处于相对弱势或困顿的处境，即使不是得到直接的资金援助，但是所能接受到的关爱、帮助已经远远超出了"被施舍"的范围，无论是帮助者还是受助者，都是平等的。

作为教会，其意义更加深远。众所周知，基督教是排他性比较强的宗教，信徒常以"弟兄姊妹"、"我们天上的父"作为群体的标志，用"外邦人"这个词将信仰共同体外的人与自己严格区隔开来。并且，这种团结是灵性上的，区别于物质、人情的联系而显得更加神圣、稳定。这种格局往往使个体对本群体的评价颇高而对其他群体缺乏认识理解。而通过慈善公益行为我们可以发现基督教在当代社会的实践方式的转变，即教堂不再是信仰表达的唯一场所，以信仰共同体的身份进入社会，参与公共生活，可以成为表达信仰的另一种有效的方式。

提及宗教慈善，临时性、突发性、偶然性和应急性似乎成为宗教慈善的固定标签。随着《意见》的出台，我们可以想象各地教会必然愿意和计划做更多有关社会服务的尝试，但是能否摆脱这些固有的刻板印象呢？本章试图给出一个答案。如何让公益慈善事业成为常态，开展一些可持续的、制度性的、创新性的活动，K 市教会在这方面做了不小的尝试，有成功经验也有失败教训。李向平（2011，148-149）提出目前中国宗教进入社会的公益模式有共享模式、专业模式和行政模式。所谓共享模式就是所有的人都是被帮助的和需要帮助的对象；专业模式就是社会服务需要专业水准，专业服务是宗教能否进入社会的一个很重要的途径；而行政模式则是一种指令式的慈善事业或公益服务。希望通过 K 市教会的案例，我们可以看到更多的宗教慈善走向专业模式和共享模式，进而建构出与现代社会接轨的公益模式。

二、慈善模式的转变

中国整个慈善事业正处于一个从传统方式向现代运转的转折点，李瑞昌等（2012，9）总结认为具体表现在三个方面：其一，慈善正越来越成为一个有组织的专业行为，专门慈善组织和专业的慈善活动陆续展开；其二，企业家正逐步热衷于亲历亲为开展慈善活动或成立自己的基金会；其三，尽管作为公民个人对慈善仍处于一种被动员的状态，慈善并未成为人们精神世界的需要，但是公民权利意识正在觉醒，作为捐赠人之一的公民的注意力开始由知道如何捐赠转向如何花费善款的焦点上。周进萍（2012，89-90）总结现代慈善相比较传统慈善有三大转变，首先，现代慈善事业打破单方获益的传统模式，而让从善者与公益对象共生、互利，即从片利共生到互利共生；其次，慈善不再是政府、企业、富人等少数精英群体的责任，而是每一个公民自愿互助互济的行为，即从少数人到多数人；最后，从数量到质量，不再局限于对捐款数额的聚焦而开始对慈善效果的重视。

就宗教慈善而言，宗教界内部也在经历一场自身的变革，各宗教慈善组织积极探索社会转型大背景下的宗教慈善模式，例如宗教组织开始注重向非宗教性慈善公益组织学习；活动内容从帮老助孤、济贫助学等传统项目，逐步转为强调宗教核心价值观，努力实践宗教理念与社会需求接轨的心灵、精神层面的慈善项目；整个中国宗教慈善事业开始进入活跃期，宗教界逐步从零散、自发、单一状态，转变为有系统、有组织、多元化的发展格局。

置于本文，我们通过 K 市教会的案例也再次论证了这种转向。笔者将之进一步归纳为：基督教慈善正在超出过去那种形式单一、目标人群以教会内弟兄姊妹为主的慈善，向一种更加多元化、公益性[1]的模式转变。归纳起来，即教会的慈善事业从"单一互益型慈善模式"向"多元公益型慈善模式"转变。

具体的，所谓"单一互益型慈善模式"是指在资源构成方面，教会单纯依赖教内的资源，尤其是资金和人力，通过神圣的和情感的方式动员其信仰

1　"互益性"强调的是组织通过促进群体共同利益来促进会员利益，这类组织往往是相关利益者的聚合体，组织提供给成员的产品是一种利益聚合机制，简言之，这类组织的主要组织目标就是为了促进组织成员的各方面利益。"公益性"则强调的是组织通过各种项目或者活动促进社会公益事业，而非仅局限于本组织内会员利益。互益性实际上可视为一种"公益的特殊性"，它主要为了某些特殊的群体提供服务和帮助。详细参见李峰，2004，《乡村教会的组织结构及其运行机制——温州市瓯北镇基督教教会组织研究》，中国优秀博士学位论文全文数据库。

共同体成员奉献自己的金钱与时间，因此呈现出来的诸如神学奉献、灾害救助这些带有很强指令性、救助性的慈善活动，这些活动的受益人也多限于教会内的弟兄姊妹，个体参与慈善无积极性可言，社会影响有限。

而"多元公益型慈善模式"则是指教会不仅进一步充分调动原有的人力、资金资源，还将资源扩大到世俗领域，特别是教会领袖通过自己的政治身份获取一定的关系资源为教会开展慈善活动助力。在动员手段方面，教会进一步加强组织建设，将慈善公益活动列为制度性行为，并进一步整合来自外部，特别是政府与同行业的支持，这些有计划并定期开展的慈善活动区别于过往的行政指令与应急性而呈现出更加专业化的趋势，受益群体也不再局限于教会内的信徒，同时扩大到非信教群体，这样的新型慈善模式无疑对教会参与社会建设大有裨益。

教会慈善模式的转变直接归功于教会拥有资源的增多以及资源整合机制的运作。但是，我们有必要再花一些篇幅讨论一下这种转变过程中遇到的阻碍因素，或者说，为什么中国大陆的绝大多数教会无法走上公益之路？

笔者认为，教会本身、非信教群体以及政府三方面的原因影响了教会慈善事业的转型。

首先来自教会本身。通过对 K 市教会的发展史梳理我们可以发现，K 市教会在 2000 年之前已经基本完成了教产回收和组织建设的工作，2000 年以后，虽然教牧同工的培养以及教堂的重建工作仍在继续，但这两项工作都已走上正轨。因此从总体来看，教会有了足够的时间、人力和精力开始考虑并开展慈善活动。其次，随着信徒灵性资本的增加，生活水平的提高以及由此带来的经济收入的增加和闲暇时间的增多，都为教会开展慈善工作铺就了基本的资源。反之，对于那些还在集中精力专注于堂会牧养、培训工作以及崇拜事工的教会而言，自然不会把开展公益活动列为工作重点，而只能将其视为聚会之外附带的一点功能，间或地开展一些零散的，带有行政指令的慈善活动。

其次，非基督徒对基督教的排斥也会影响到教会开展慈善公益事业。这种影响主要包括两个方面。从有利的方面来看，基督教在社会的悦纳程度低有助于基督教团体的凝聚力，其成员认同感增加，并在此基础上有更强的行动意愿（包括慈善公益活动）。但是教会同时面临的挑战在于，长久以来大众对宗教缺乏充分的了解，因此教会开展的慈善公益活动容易被人误解与排斥，难以融入社区，尤其难以进入非信徒群体。本研究中，虽然 DSH 教堂面向全社区开展精神慰藉、家庭辅导方面的公益活动，但其最终受益主体仍然以教会内的信徒为主，这一现象正是这种挑战的表现，而这种负面影响还可能进一步降低慈善提供者的热情。

最后，政府的支持态度也直接影响到基督教开展慈善公益事业的进程。如前文所述，K 市教会是在一个整体较为宽松的环境中开展工作，无论是宗教局的思路还是地方基层组织的态度大体而言是积极的，但仍免不了捐赠主体被置括的现象。此外，如果对今天各大宗教在公共领域的活跃程度进行观察的话，我们不难发现，基督教始终是缺席的，无法进入权威的社会资源配置之中。这就需要政府及相关工作人员进一步解放思想，放下历史与意识形态的包袱，让基督教发挥自身优势，更为主动和积极地投入到社会公益服务中。

表 5-1　从资源构成及动员机制看基督教慈善模式的转变

慈善模式	单一互益型慈善模式	多元公益型慈善模式
资源构成	资金资源 人力资源（教内）	资金资源 人力资源 关系资源
资源动员机制	神圣动员 情感动员	神圣动员 情感动员 组织动员 外部动员
慈善产出	神学奉献 灾害救助 慰问老人 贫困助学	神学奉献 灾害救助 慰问老人 贫困助学 文化艺术 环保倡议 心理咨询 医疗服务
慈善特征	指令性、应急性	专业性、自发性

资料来源：研究者自制

三、慈善转型对教会的意义

过去人们认为有关教会的事情都是属灵的，这样一个神圣的信仰世界与世俗领域无关，并以耶稣的训导"让上帝的归上帝，凯撒的归凯撒"为神学依据。但其实我们发现，事实远非如此。越来越多的教会开始关注社会需求，实践慈善公益。而公益慈善的这一转型对教会也具有重大的意义。首先，在过往那种以行政指令性、应急性为特征的传统慈善活动中，教会缺乏行动主体的积极性，捐钱捐物是其唯一的表达方式，对于受益人没有必要的跟进，更缺乏对社会需求的关注。而现在，教会不仅在公益活动中的主体性增强，其通过社会化的方式开展公益行为，并且在与社会交往的这一过程中还能获取社会的接受和尊重，为自己的生存与发展赢得了机会。但是需要特别注意的是，教会应该把公共性、社会性和专业性作为其核心建构的目标，即摒弃一手拿《圣经》一手拿面包的思路，把教会形象建立在公共的基础上，这样才能做到对社会开放，教会才能成为一种具有社会服务功能的信仰共同体。

对于教会本身而言，慈善公益的开展并不会削弱宗教的纯洁，反而能增加宗教组织的社会见证，更重要的，宗教团体自身要做到严于律己，尤其要管理好自己的"玻璃口袋"。在这种积极有效的合作互动中，宗教组织进而成为市场经济发展中个体生存的"减压器"，社会稳定的"安全阀"，以及公民美德的"孵化器"（曹飞廉等，2010，133）。

第二节　基督教与基层政府的互动关系

总体来看，基督教在中国的发展颇具坎坷。一方面基督教并不能作为一个完全独立的系统，而必须与政治、经济、社会紧密联系，尤其与政治权力形影相随；另一方面，由于历史的原因，基督教在中国人的认知中，也是西方舶来之物，常被贴以"文化侵略"的标签。虽然从1949年以后中国基督教走上了"自传、自治、自养"的发展道路，但教会在与中国传统文化的互动中一直遭遇张力、冲突。

诚如研究设计中所言，本研究的最终关怀是希望通过慈善来窥视基督教在当代中国的生存处境，即本研究不仅专注"慈善"，并且关注慈善的动员机制、表达途径以及由此带来的社会性影响，更需要探讨由慈善反映出来的教会—社会、教会—政府的各种关系、利益与结构。

有学者总结当代我国政教关系是以政教分离原则为基础，以政教和谐为价值取向的一种新型政教关系（杨合理，2012）。具体而言就是坚持政教分离原则，在政教之间划分出清晰的界限，防止以政代教或者以教代政，在此基础上努力追求政教关系的和谐，形成良性互动的关系。具体到实践领域，有学者用"侍从主义的政教关系"（欧阳肃通，2009，344-360）来描述政教关系。香港中文大学的吴梓明教授（2001，1-26）认为过去50年国家宗教政策一个明显的转向是从马克思主义的意识形态转而倾向温和和务实主义形态……自实施改革开放政策以来，社会主义与中国境内宗教的关系愈趋密切是一个明显的趋势。

置于本研究，笔者希望在这种政教分离的大背景下，通过对慈善公益事业的考察窥视出政府-教会在基层的一个微型行政互动关系。

在研究政府与教会的关系时，我们常常陷入二元判断的陷阱，似乎二者不是合作就是对抗。通过本研究我们可以粗略地将政府分为地方宗教管理部门与基层政府（镇政府）两种，而政府与教会的微观互动依照具体对象不同而呈现出不一样的动态的冲突、妥协、合作的变化过程。

一、地方宗教管理部门与教会的互动关系

学者们常常把三自教会比作"半官方的宗教组织"（quasi-state church）（梁家麟，1999，45），言下之意，与家庭教会相比，三自教会作为政府所认可的聚会形式，这种政治体制内的合法性使三自教会拥有了非体制教会所不具备的各种制度上的资源。但是我们不能因此就理所当然地认为三自教会能够享受到一切便利资源，通过下面这个访谈我们可以看出，三自教会不仅要接受体制内的监管，同时还会面临许多隐形的阻碍。这种阻碍也体现于宗教管理部门对各大宗教的态度，包括慈善事业方面。K市宗教局管理者这样表达他对宗教慈善的看法：

> 作为我们，大体上是支持和鼓励的……支持他们慈善，但这里面还有监管，很复杂的……我们说的鼓励，其实是限于堂里的，不能动用社会的资源去鼓励他……我动用社会资源去鼓励他这个是违背三自的原则的。即使他做的对，也只能让他自己做，这是宗教特点……作为慈善行为，我们要积极引导，但是我不能为了慈善而扩大宗教，不能说"你做的慈善好，我就说你这个宗教好，就让你

　　扩大"，这实际上就是动用了社会的力量对宗教产生影响，我们不
　　能说基督教很好，你们大家去信。（访谈对象 301）

　　虽然教会在神圣的信仰共同体内可以充分挖掘人力、资金资源，但是我
们仍然能依稀感触到有一条无形的屏障将教会与公共空间区隔开来，这也印
证了康晓光（2005，73-89）等人曾用"分类控制"来形容政府"对各类社会
组织采取不同管理方式"的管理策略的发现。在他们的分析中社会组织与政
府控制方式之间有五类明显对应关系，其中，行业协会/商会、官办 NGO——
政府鼓励；草根 NGO、非正式组织——政府不过多干预；宗教组织——政府
限制。在这一体系中，政府为了自身利益，根据社会组织的挑战能力和提供
的公共物品，对不同的社会组织采取不同的控制策略。一方面，国家允许公
民享有有限的结社自由，允许某些类型的社会组织存在，但不允许它们完全
独立于国家之外，更不允许它们挑战自己的权威。同时，国家也有意识地利
用各种社会组织提供公共物品的能力，使其发挥拾遗补缺的作用。实际上，
这是一套国家利用非政府方式，在新的经济环境中，对社会实行全面控制的
新体制。

　　现实如此，但并不表示教会就完全被动地受制于社会，相反，教会积极
出击，根据自身所拥有的资源营造自主活动空间，在与社会互动中争取更多
的能动性，只是教会所能争取的世俗资源空间还有待进一步的观察。

二、基层政府与教会的互动关系

　　前文我们详细介绍了"姐妹心语室"这个公益案例。在教堂办公楼二楼
的墙上，与"姐妹心语室"并列的还有一块牌子，"DSH 镇宗教信徒人民调
解委员会"，这是一件耐人寻味的事情。因为"调解委员会"这样的机构通
常附属于政府、法务和村委会、社区等机构，而在教会设立"调解委员会"
显示出特别的意义。关于这一点倒是呼应了教会牧长之前说到的一段话：

　　　　政府对我们没有特别的期待，就是希望，信徒当中，特别是拆
　　迁方面，遇到难处的时候，教会能在信徒当中做做工作。当然，政
　　府不是让我们信徒吃亏，就是不要做钉子户这样一个要求，对社会
　　和谐做出一些事情。（访谈对象 101）

　　　　我们提供帮助，万一有一些如法律咨询我们也不懂的，我们跟
　　政府联系。比如有的上访人很多，叫我们信徒不要到那里上访，到

教堂里我们有义工，可以提供帮助，我们帮他们跟政府沟通，政府会及时给我们回复。（访谈对象 208）

对于这种政府借地方、借人力来做事的安排，教会也乐于协助：

这边政府里的人，虽然他们不信，但是他们的妈妈或妻子都是信徒，所以他们认为教会可以做一些事情。另外，教会在这边有影响力，政府那边认为如果信徒这块做好了，就蛮好了。所以他们利用教会这个平台的资源做他们想做的事情，我们教会也可以参与这样的事情。所以现在有环保进教堂，司法进教堂……等 DSH 新教堂造好了我们可能更多地参与这些事情。（访谈对象 101）

时任国家宗教事务局局长王作安（2013，6）在 2012 年 6 月 19 日中国基督教公益慈善事业经验交流暨先进表彰会上曾说过，通过开展公益慈善活动，基督教堂点更加自觉地分担政府和社会责任，在促进社会和谐、推动社会文明进步中发挥积极作用。笔者从 W 牧师那拿到的一份"统战工作特色品牌项目"之"合衷共济、同创和谐——DSH 镇统战工作'五进教堂'主题活动实施方案"正是这一思路的具体体现。该方案中提到，"DSH 教堂主动适应经济社会发展的需要，组织教徒参与奉献社会的志愿者活动。尤其自去年以来，'姐妹心语室'和'司法调解'活动受到了广大信徒的欢迎和支持……为本项目的开展提供了有益的经验。按照镇党委政府'生态立镇、科技强镇、文化亮镇'的总体要求，认真组织和开展好'五进教堂'活动……对于促进宗教文化与社会主义思想道德建设相适应有着十分重要的意义。"该项目活动历时一年，围绕生态、环保进教堂，家庭安全进教堂，家庭美德进教堂，心理慰藉进教堂，司法调解进教堂这样五进内容展开一系列讲座，该活动除了教堂以外，还涉及司法所、镇妇联和宗教办公室。笔者田野期间的某个主日看到镇上交管所运来了十几块展板置于 DSH 堂大院子中，内容涉及交通行车安全，其间还有多张触目惊心的交通事故照片。过来送展板的政府工作人员说"这边星期天做礼拜的人多，放在这，可以让更多的人看了了解。"

由此我们可以大胆地得出这样一个结论，在 DSH 镇，某种程度上讲基层政府与教会产生了共生互赖、多边合作的关系，在这样的背景下，如果这个公益项目能成功，那将是一个宗教组织参与社区治理的样板，这种合作也是基督教走向社会的一种很好的尝试方式。但是，从另一方面来看，我们又不得不同意学者刘威（2010，58-59）的判断："在中国社会转型语境之中，慈善事业绝非自愿施舍、助人自助如此简单，而是打上了辅助国家治理和政权建设的深刻烙印。"因此，教会在这样的合作中如何避免"基督教"三个字被置括，何时能以独立社团法人形态直接顺利进入社会领域，从事各种社会服务公益事业，这值得学界的继续跟踪研究。

因此，在探讨教会与基层政府的互动关系时我们可以看到两股力量的碰撞，而很难用"控制"、"放松"或"自由"等词来完全概括教会的处境。一方面，虽然主流话语肯定了宗教在发挥信教群众服务社会、稳定社会方面的积极作用，但作为上级主管单位，基层宗教管理部门对教会组织开展公益慈善事业仍持保守及疑虑的态度，对信仰共同体以公益的形式进入社会领域的行动仍然有许多戒备和顾虑，担心其宗教色彩会使社会服务最终演变成一种传播教义的过程，因此仍未完全扬弃对宗教的防御（邢福增，2006，2-4）。另一方面，基层政府出于治理的需求，积极探索与教会的合作，借助教会自身的人力、宗教伦理资源等鼓励教会组织参与社区建设。

对教会而言，我们看到教会越来越注重其信仰社会性的表达，在这种外松内紧的局面中积极探索适切的表达之道。参与"非宗教活动"为教会与信徒提供了机会与可能性，同时，"这种社会关切和参与实践，扩大了教会在中国社会的影响，亦树立起教会的良好社会形象，有助于中国社会减少或消除对基督教会的误解与偏见，使中国教会的生存及发展有更大的社会空间，并能得到社会的更多承认。"（黄海波，2007，15）

第三节　本章小结

在前文的基础上，本章得以进一步归纳出教会的慈善事业正从"单一互益型慈善模式"向"多元公益型慈善模式"转变的结论，即基督教慈善已经超出了过去那种形式单一、目标人群以教会内弟兄姊妹为主的慈善，向一种更加多元化、公益性的模式转变。虽然这样的转变仍然遭遇些许阻碍因素，但其总体有助于基督教赢得社会的接受和尊重，同时也为自己的生存与发展争取了机会。

由于教会既要满足宗教管理的要求，又要积极参与社会建设之中，因此当我们谈及教会组织与基层政府的互动关系时需要区别看待。一方面，基督教未能完全从意识形态风口中剥离，基层宗教管理部门对基督教仍然持有疑虑，尤其在进入公共领域的作为方面，基层宗教部门对基督教的管理只是从有形的强烈的控制到隐形的监控的转变而已。另一方面，政府通过社会服务等手段鼓励宗教界参与社会建设的思路在基层政府部门落实得较为明显，基层政府部门出于治理的需求，积极探索与教会的合作，借助教会自身的人力、宗教伦理资源等鼓励教会组织参与社区建设，开展不以宣教为目的的社会服务。总体而言，教会与公共空间之间有一道隐形的障碍，但基督教在这种"宽严相济"的处境中仍然可以在实践层面开拓出一条不与国家话语相悖而又展现出其社会性、公共性的社会化路径。

第六章　结论与讨论

关注宗教在现代社会的发展变化是宗教社会学的使命（范丽珠，2003，1）。众多学者从不同的角度予以阐释，如个体宗教性、群体认同、组织特征、权威建构等。本研究则以慈善为透镜，试图通过慈善折射出基督教在当今中国社会的发展变化。在本书的最后阶段，笔者将对整个研究进行简略的总结与回顾。具体包括两节：第一节归纳交代主要结论，进而结合前人的相关论述详细阐释这一结论所蕴含的主要发现。第二节，笔者将把话题稍微予以引申，讨论本文的个案研究可能对其他一些相关的理论或实践问题所能作出的有意义的补充。

第一节　研究结果摘述

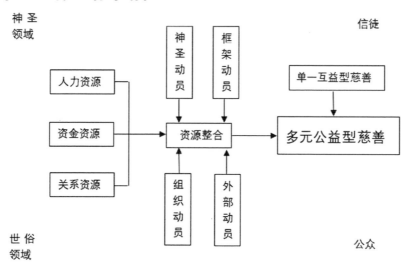

图 6-1　教会慈善资源及动员机制图

图 6-1 归纳了本研究有关教会慈善资源及动员机制的主要发现。

一、资源构成

丰富的人力资源、较为丰盛的资金资源以及通过教会领袖在世俗领域争取到的关系资源共同成为教会开展慈善事业的主要资源构成。具体的，首先，教会内部拥有较为丰富的成员资源，从神职人员到义工，大家各司其职而又通力合作，这些宝贵的成员一方面作为开展慈善活动所必需的人力资源，同时他们作为主体也成为资源动员的媒介途径。就资金资源而言，近几年随着信徒个人生活水平的提高以及慈善理念的增强，教会所得资金资源也更为丰盛，但对慈善资金的去向疏于跟进，这与现代公益的要求尚有差距。此外，除了这些有形的人力、资金资源外，关系资源也成为教会开展各项事工，包括慈善事业的资源基础，即作为一个关系本位的社会，教会努力在其与世俗世界发生交集过程中争取关系资源，试图达到世俗资源的神圣化作用。目前 K 市所拥有的关系资源主要依赖于教会领袖的个人政治身份，其可持续性有待考验。总体来看，在动员慈善事业的过程中，教会不仅利用了宗教内部的资源，而且也借用了社会上的世俗资源来为其服务，以实现行善、扩大教会影响的目标。但就资源来源来看，内部神圣性的资源偏多，这就从另一个侧面反映出教会在进入公共领域时所遭遇的某些阻碍力量。

二、资源动员机制

在拥有以上资源的基础上，教会还需要通过系列手段将这些资源整合起来发挥最大效应。本研究继而发现，教会主要通过神圣话语动员、促进群体认同感生成的框架动员、"三统一"的组织动员以及争取世俗领域机遇的外部动员四个方面来实现开展慈善活动的目标。

首先，基督教《圣经》的核心是强调爱神、爱人，从耶稣的教导到他身体力行的案例都为基督教开展慈善活动提供了合法性基础，这些伦理价值为教会组织和信徒参与慈善公益提供了依据、热情、动力与使命感。

其次，基督教是一个制度性很强的宗教，由于它历史上并且当下仍然处于中国社会较为边缘的位置或在局部地区遭受挤压，教会内在认同感相应地急剧增强，在面对外部压力和挑战的情况下，教会内部出现高度团结，信徒们自然地产生出"我们教会很弱，需要抱团"的共享定义，并且这种共享理念成为教会资源动员时的强有力的手段。当牧师们在教会中发起一项集体行动，例如慈善捐助动员时，教会成员马上能够将这一行为与集体命运感联系在一起，他们就很愿意贡献自己的力量去争取改变群体的命运，无论他们自己是否享受到了所有这些结果。

再次，资源的有效整合离不开组织的决策整合能力。总体来看，K 市教会是以三自常委会为领导核心，组织的运作走上下层级、事工分明的科层体制，但组织运作的理念又与牧长个人的思路密切相关。换言之，K 市教会固然具有科层化、制度化的形式，但是人治式的领导方式也揉合其中。具体操作中采用了独具特色的"二统"政策，即资金统一、基建统一和人事统一。慈善公益活动在目前各个堂点人力、资金、专业经验都不是很充沛的情况下得以整合资源，提高了行动效力。但同时存在吊诡现象的是，一旦慈善公益行为被制度化、例行化，那么其助人动机也在降低。

最后，笔者认为 K 市教会处于一个相对有力的外部环境支持中，尤其它可以得到当地基层政府以及同行专业机构的支持与鼓励，这种支持无疑为教会进入公共空间创造了良好的外部环境。

三、基督教慈善之成果

通过梳理教会开展的慈善活动，我们发现，教会的慈善事业正从"单一互益型慈善模式"向"多元公益型慈善模式"转变，而影响这种转变的因素正是教会拥有慈善资源的增多以及将这些资源整合起来的机制，尤其教会不再局限于神圣领域内的动员而将触角扩展到世俗领域的努力。

具体的，以三自常委会为核心的团队带领各个堂点集中力量开展一些大型的、常规化的慈善活动；而堂点则在各自资金、精力及能力许可的范围内，以社区为主要活动范围开展一些零散的小型慈善活动；此外，还有一些信徒中的非正式团体，他们也在开展教会日常事工的同时积极发挥余热；作为信徒个体，越来越多的人认识到需要通过实践基督精神，如慈善，来感受基督信仰的存在，也让更多人认识基督信仰，因此他们更加乐于奉献自己的资金、时间、精力到这一事业中。

慈善内容方面，教会既有以教会内信徒为主要目标群体的肢体互助，也有面向所有大众的公益形式，目前前者居多，但总体又呈现出从传统的熟人慈善和一对一的个体慈善向以社会责任伦理和陌生人伦理作为价值支撑的现代慈善的转型。限于教会本身的资源与条件，目前慈善活动以资金输出为主。这些资金主要来源于信徒的奉献。慈善开展途径方面，有的活动由教会亲历亲为，有的活动则主要通过第三方媒介来操作，这样便出现了教会缺乏对资金去向跟踪的问题，同时，信徒也因为对教会组织的无限信任而疏于对奉献款的监督，这是教会开展慈善所体现出来的与一般公益机构的不同之处。

除了以上传统慈善活动以外，笔者还重点着墨描述了 K 市教会开展的三个新型慈善案例：天使乐队、迦南书画院和姐妹心语室。在这三个慈善案例中，有的开展较为顺利，有的刚刚起步，还有的则陷于瓶颈。通过分析我们发现，活动开展的好坏直接与资源的整合度有关。这样三种形式的慈善活动，其区别于传统慈善的特点主要体现于三个方面：作为慈善活动的参与者，其参与感和成就感增强，虽然他们可能需要投入更多的时间、精力和金钱，但是面对受助者的变化，参与者的内心得到充实，价值诉求得以表达，这种成就感会进一步促进其慈善行为的增多，更重要的是，慈善活动为信仰者提供了一种社会交往的空间和公共生活的方式，信仰的社会性、公共意义在信徒身上得到充分的体现；作为受助者，虽然处于相对弱势或困顿的处境，即便没有得到直接的资金援助，他们所能接受到的关爱、帮助已经远远摆脱了"被施舍"的概念，无论是帮助者还是受助者，都是平等的；而作为教会，其意义更加深远，这体现出基督教在当代社会的实践方式的转变，即教堂不再是信仰表达的唯一场所，以信仰共同体的身份进入社会，参与公共生活，可以成为表达信仰的另一种有效的方式。

因此，通过 K 市教会这个案例，我们可以发现，教会的慈善事业正从"单一互益型慈善模式"向"多元公益型慈善模式"转变。这种转变有助于基督教赢得社会的认识与尊重，同时也为自己的生存与发展争取了机会。希望通过这个案例，我们可以看到更多的宗教组织的慈善事业走向专业模式和共享模式，进而建构出与现代社会接轨的公益模式。

四、基督教与基层政府的互动关系

本研究在政教分离的大背景下，通过对慈善公益事业的考察窥视出政府-教会在基层的一个微型行政互动关系（图6-2）。

一方面，基层宗教管理部门未能完全放松对基督教的疑虑，尤其在进入公共领域的作为方面，基层宗教部门对基督教的管理只是从有形的强烈的控制转变为隐形的监控。另一方面，政府通过购买服务等手段鼓励宗教界参与社会建设的思路在基层政府部门落实得较为明显。基层政府部门出于治理的需求，积极探索与教会的合作，借助教会自身的人力、宗教伦理资源等鼓励教会组织参与社区建设，开展不以宣教为目的的社会服务。总体而言，教会与公共空间之间有一道隐形的障碍，但基督教在这种"宽严相济"的处境中仍然可以在实践层面开拓出一条不与国家话语相悖而又展现出其社会性、公共性的社会化路径。

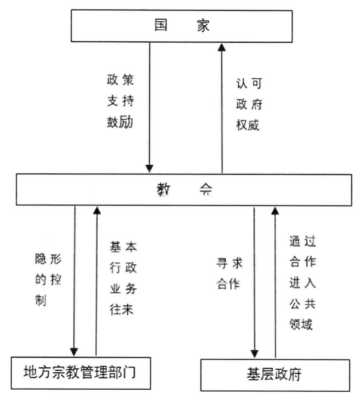

图 6-2 从慈善看教会与政府的互动关系

第二节 进一步的讨论

一、基督教参与社会服务与社会建设的可能性

学者高虹（2010，163）在对佛教老板的考察后认为，"宗教团体和信教公民与非信教公民一样，都是构建中国社会主义和谐社会的重要力量和社会资源。我们应该充分调动宗教团体和信教公民的积极性，利用其所具有的宗教资源和社会协调、成员动员的优势，使他们作为一个社会结构和整体力量，更好地参与到中国的社会建设中来。"佛教如此，基督教亦然。

　　自改革开放以来，中国的社会结构发生了很大变化，国家从社会经济生活领域中部分撤出，虽然各种相对独立的社会团体开始出现，但是这些资源主要集中于城市，而在农村，几乎不存在非盈利性质的公共服务机构，在这种情况下，宗教团体可以成为其中很重要的一个组成部分，并在一定程度上补充社会公共服务的缺失与不足，甚至可以在乡村社会的具体运作中构成社区互动和治理的组织基础和资源（黄剑波等，2009，100）。那么中国基督教，能否抓住转型的机遇，整合教内外资源，并按其信仰的表达与实践逻辑参与到中国社会的建设中呢？通过本研究我们可以发现，慈善公益事业的发展正是实现这一突破的重要媒介，尤其当教会逐渐走上多元化的公益慈善道路时，基督教信仰的多样化、现代化、理性化及社会化过程也就随之开始了。

　　那么，基督教如何更有效地进入社会结构，参与社会建设呢？K 市教会的尝试让我们看到了希望，在 K 市 DSH 镇教堂的慈善案例中我们甚至可以看到教会与政府"从依附型向自主性互动关系的转变"（范明林等，2005，138）。这种转变源于当代中国，尤其农村地区公共服务缺失以及国家、集体的不在场的现状。

　　在《私人生活的变革》一书中，阎云翔（2006，260-261）表达了对农村公共生活的缺失的极大担忧。阎氏指出，自 80 年代以来，公共生活衰落，社会秩序恶化，乡村社区也解体……国家在撤除了对地方公共生活的所有政治经济支持后却依然不相信任何形式的社会组织。特别是对于老年人，贺美德（2011，95）等人的研究发现农村没有能为老年人提供经济供养和生活照料的足够资源。而像本案例 DSH 这样的地方，阎氏笔下公共生活的空白正由教会来加以补充。教会的聚会或慈善活动，恰好可以视为信徒自己创造了这种共同体，同时又可以反过来感受共同体的力量。在这样的活动中，一个个分散的家庭和个人被联合起来，可以结交朋友，可以叙旧，可以互诉生活中的困惑，可以互相支持鼓励。也就是说，基督教在乡村的发展为孤立、无助的原子化个人提供了一些公共产品，加强了人与人之间的整合，对社区价值理念与认同感的恢复也大有裨益。但是，通过本研究案例我们也发现，基督教能否以独立的姿态进入社会领域参与社会建设仍受制于环境，需要政治领域的进一步"祛魅"。

二、宗教慈善公益的比较研究

刘继同（2007，19）在总结政府与慈善组织关系模式时发现地区间的不平衡说道，某些地区政府与慈善组织关系已进入朋友关系的初期，但是某些地区仍然处于父子关系的阶段，地区间差距清晰可见，这意味着在既定制度背景和政策模式下，慈善组织本身和慈善组织领导人便成为重要的变量。因此，在整个研究调查及写作阶段，一直萦绕在笔者脑中的一个问题是，K市，尤其DSH镇这样的地方性知识，究竟能给中国广大的其他地区的基督教会发展带来多大的借鉴意义？

在现存的诸多基督教研究中我们都能发现有关教会内部、教堂与教堂之间、教会与宗教管理部门之间的抵触与纠葛，在K市，笔者也特别注意收集这些有关冲突的资料，但是伴随着整个研究结束，笔者发现，虽然当地教会也曾有黯淡的历史，即使现如今仍面临一些挑战，但教会在积极地回应这些挑战。笔者当初之所以在五个城市中选此为案例，原因之一正是看到它有潜力的这一面。所以本书所讲的只是一个特殊的教会的故事，它的管理方式、目前的运行状态、拥有的资源等因素都具有一定的特殊性。笔者希望借K市的例子可以给其他地区提供一些有益的借鉴，这种借鉴不是完全的复制，因为各地有自己的特色，不一的资源，但是教会管理、政府与教会政府之间的互动却是每个教会都必须面对的。

在研究设计中我们已谈到本研究是一个嵌入性的单案例研究，但如果有条件（和资源）的话，选择多案例研究的成功的机会比单案例研究设计大得多……从两个或更多案例中总结出来的结论会比从一个案例中总结出来的结论更扎实、更具说服力（罗伯特·K·殷，2004，59）。笔者深深认同此观点。基督教是一个小社会，内部异质性非常大。不同地区的基督教，同一地区的教会-教派，三自-家庭都可能表现出不同的形态，需要另作讨论。

此外，不同宗教的慈善事业也呈现不一样的局面，例如，在K市还有佛教寺院，还有台湾慈济功德会的办公点，如果能够将这些同一片场域中不同宗教的慈善事业放在一起进行描述、比较和分析，那么我们对于宗教慈善的把握将会更加深入、透彻。可惜的是，由于研究者个人条件的限制，这方面的遗憾只能留作以后做进一步补充。

参考文献

1. André Laliberté,2012,Buddihist Charity and China's Social Policy,Archives de sciences sociales des religions,158.

2. K 市统计局编，2011，《K 统计年鉴 2011》，中国统计出版社。

3. Philip Wicheri,2012,Charity,Service and Social Development:The Founding of the Amity Foundation and the International Christian Response,1985-1995, 宗教与慈善国际学术研讨会论文集。

4. Richard Madsen,1998,China's Catholics: Tragedy and Hope in an Emerging Civil Society,The University of California Press.

5. Susan K. McCarthy, 2013, Serving Society, Repuring the State: Religious Charity and Resistance in China,The China Journal,70.

6. Weller 等人，2011，《对话宗教与慈善公益》，《世界宗教文化》第 2 期。

7. 艾尔东·莫里斯、卡洛尔·麦克拉吉·缪勒主编，2002，《社会运动理论的前沿领域》，刘能译，北京大学出版社。

8. 艾娜·唐根，2010，《K 市轨迹》，外文出版社。

9. 爱弥儿·涂尔干，1999，《宗教生活的基本形式》，上海人民出版社。

10. 安东尼·吉登斯，1998，《民族-国家与暴力》，胡宗泽等译，三联书店。

11. 安伦，2012，《中国宗教慈善的问题与思考》，《宗教与慈善国际学术研讨会论文集》。

12. 毕素华，2006，《论基督教的慈善观》，《哲学研究》第 12 期。

13. 曹飞廉、陈健民，2010，《当代中国的基督教社会服务组织与公民社会——以爱德基金会和上海基督教青年会为个案》，《开放时代》第 9 期。

14. 曹南来，2010，《中国宗教实践中的主体性与地方性》，《北京大学学报》（哲学社会科学版）第 6 期。

15. 查尔斯·蒂利，2009，《社会运动：1768-2004》，胡位钧译，上海世纪出版集团。

16. 查尔斯·蒂利，2010，《抗争政治》，刘义中译，凤凰出版传媒集团。

17. 陈刚华，2009，《制度化、全球化及非抗争化——社会运动未来之路》，《湖北社会科学》第 12 期。

18. 陈建明，2011，《建造地上的天国——四川省泸州市教会开展社会服务的个案分析》，《宗教学研究》第 3 期。

19. 陈建明，2011，《四川省泸州市基督教会社会服务调研报告——以医疗卫生服务为中心》，《宗教学研究》第 4 期。

20. 陈建明、程洪猛，2009，《从泸州基督教社会服务看教会公共关系》，《宗教学研究》第 3 期。

21. 陈向明，2000，《质的研究方法与社会科学研究》，教育科学出版社。

22. 程洪猛，2009，《泸州市基督教会的社会资本》，《宗教学研究》第 1 期。

23. 道格·麦克亚当等，2006，《斗争的动力》，李义中等译，凤凰出版传媒集团。

24. 丁仁杰，1999，《社会脉络中的助人行为：台湾佛教慈济功德会个案研究》，台北联经出版事业公司。

25. 董栋，2012，《宗教界开展公益慈善事业问题研究》，《世界宗教文化》第 1 期。

26. 范丽珠，2003，《当代中国人宗教信仰的变迁——深圳特区研究报告》，中文大学出版社。

27. 范明林等，2005，《城市社区建设中政府与非政府组织互动关系的建立和演变——对爱华社和尚思社区中心的个案研究》，《社会》第 5 期。

28. 费孝通，2003，《乡土中国》，北京大学出版社。

29. 冯建华、周林刚，2008,《西方集体行动理论的四种取向》,《国外社会科学》第 4 期。

30. 冯仕政，2013,《西方社会运动理论研究》，中国人民大学出版社。

31. 甘满堂等，2010,《传统社区资源动员与农村有组织抗争——对东南沿海农村抗争性集体行动的一种解释框架》,《辽东学院学报》第 5 期。

32. 高春芽，2012,《当代集体行动理论的发展：从社会崩溃到政治过程》,《教学与研究》第 7 期。

33. 高恩新，2010,《社会关系网络与集体维权行动——以 Z 省 H 镇的环境维权行动为例》,《中共浙江省委党校学报》第 1 期。

34. 高虹，2010,《佛教信仰在当代社会的实践方式——以上海地区"老板佛教徒"的研究为例》，中国优秀博士学位论文全文数据库。

35. 高师宁，2005,《当代北京的基督教与基督徒》，道风书社。

36. 高师宁，2011,《城市化过程与中国基督教》,《宗教学研究》第 2 期。

37. 高师宁，2012,《从"宗教生态失衡"论看中国社会对基督教的认识》，http://www.pacilution.com/ShowArticle.asp?ArticleID=3905。

38. 郭景萍，2006,《集体行动的情感逻辑》,《河北学刊》第 2 期。

39. 郭忠华，2008,《资源、权力与国家：解读吉登斯的后马克思主义国家观》,《中山大学学报》(社会科学版) 第 4 期。

40. 韩敏，2007,《回应革命与改革——皖北李村的社会变迁与延续》，陆益龙等译，江苏人民出版社。

41. 韩志明，2012,《利益表达、资源动员与议程设置》,《公共管理学报》第 2 期。

42. 何建明，2008,《公益事业与宗教的社会主体性》，张士江，魏德东主编,《中国宗教公益事业的回顾与展望》，宗教文化出版社。

43. 何颖玉，2011,《论战略性慈善模式下基金会的资源动员——基于 S 基金会的个案分析》，中国优秀硕士学位论文全文数据库。

44. 贺美德、鲁纳，2011,《"自我"中国——现代中国社会中个体的崛起》，许烨芳等译，上海译文出版社。

45. 侯杰、王文斌，2007，《基督宗教与近代中国的社会和谐——以中华基督教青年会为例》，《史林》第 4 期。

46. 黄国光，2011，《人情与权力：中国人的权力游戏》，中国人民大学出版社。

47. 黄海波，2007，《宗教性非营利组织的身份建构研究——以（上海）基督教青年会为个案》，中国优秀博士学位论文全文数据库。

48. 黄剑波，2003，《"四人堂"纪事——中国乡村基督教的人类学研究》，中国优秀博士学位论文全文数据库。

49. 黄剑波，2012，《在日常生活中发现和理解宗教——读〈宗教与日常生活〉》，金泽、陈瑾国主编，《宗教人类学》第三辑，社会科学文献出版社。

50. 黄剑波等，2009，《私人生活、公共空间与信仰实践——以云南福贡基督教会为中心的考察》，《开放时代》第 2 期。

51. 黄平，2011，《互联网、宗教与国际关系——基于结构化理论的资源动员论观点》，《世界经济与政治》第 9 期。

52. 杰弗里·菲佛等，2006，《组织的外部控制——对组织资源依赖的分析》，闫蕊译，东方出版社。

53. 康晓光、韩恒，2005，《分类控制：当前中国大陆国家与社会关系研究》，《社会学研究》第 6 期。

54. 雷丽华、谢荣谦，2012，《我国宗教界开展公益慈善事业现状思考》，《宗教与慈善国际学术研讨会论文集》。

55. 李峰，2004，《乡村教会的组织结构及其运行机制——温州市瓯北镇基督教教会组织研究》，中国优秀博士学位论文全文数据库。

56. 李瑞昌、李靖超，2012，《中国慈善事业发展：模式、功能与方向》，《中共浙江省委党校学报》第 1 期。

57. 李若木等，2012，《宗教与公益活动：一个实证研究》，《世界宗教文化》第 2 期。

58. 李天纲，2013，《宗教慈善：历史、现实和可能》，《文汇报》11 月 7 日。

59. 李向平，2006，《中国当代宗教的社会学诠释》，上海人民出版社。

60. 李向平，2008，《从精神鸦片到社会资本——改革开放三十年中国宗教的基本变迁》，《中国宗教》第 11 期。

61. 李向平，2010，《信仰但不认同》，社会科学文献出版社。

62. 李向平、陈彬，2006，《镶嵌型的公共宗教——传统中国的政教关系之社会学解读》，《上海大学学报》（社会科学版）第4期。

63. 李向平等主编，2011，《中国信仰研究》（第一辑），上海人民出版社。

64. 李向平等主编，2012，《中国信仰研究》（第二辑），上海人民出版社。

65. 李紫瑶，2011，《社会救援资源动员机制框架构建——以政府体系为核心》，《经济与管理》第2期。

66. 梁家麟，1999，《改革开放以来的中国农村教会》，建道神学院。

67. 梁漱溟，2007，《中国文化要义》，上海世纪出版集团。

68. 林南，2005，《社会资本：关于社会结构与行动的理论》，张磊译，上海人民出版社。

69. 刘继同，2007，《转型期中国政府与慈善机构关系的战略转变》，《甘肃理论学刊》第1期。

70. 刘继同，2008，《当代中国社会最需要什么样的宗教慈善公益事业》，张士江、魏德东主编，《中国宗教公益事业的回顾与展望》，宗教文化出版社。

71. 刘继同，2012，《改革开放三十年来中国宗教政策与慈善服务历史回顾和展望》，《宗教与慈善国际学术研讨会论文集》。

72. 刘培峰，2012，《宗教与慈善——从同一个站台出发的列车或走向同一站点的不同交通工具？》，《世界宗教文化》第1期。

73. 刘澎，2008，《建立"宗教特区"，让宗教进入社会服务领域》，http://www.pacilution.com/ShowArticle.asp?ArticleID=1589。

74. 刘威，2010，《慈善资源动员与权力边界意识：国家的视角》，《东南学术》第4期。

75. 刘威，2010，《回归国家责任：公益慈善之资源动员及群众参与的新传统》，《深圳大学学报》（人文社会科学版）第5期。

76. 龙永红，2011，《官办慈善组织的资源动员：体制依赖及其转型》，《学习与实践》第10期。

77. 罗伯特·K·殷，2004，《案例研究：设计与方法》，周海涛主译，重庆大学出版社。

78. 罗伯特·K·殷，2004，《案例研究方法的应用》，周海涛主译，重庆大学出版社。

79. 罗伯兹（Keith A. Roberts），2007，《宗教研究的科学视角》，刘海涛译，高师宁等主编，《基督教文化评论》，道风书社。

80. 罗铮，2008，《宗教公益事业与和谐社会——以新教为例》，张士江、魏德东主编，《中国宗教公益事业的回顾与展望》，宗教文化出版社。

81. 罗德尼·斯达克、罗杰尔·芬克，2006，《信仰的法则——解释宗教之人的方面》，杨凤岗译，中国人民大学出版社。

82. 马恩瑜，2008，《当代中国城市基督教研究——对石家庄市基督教会的调查研究》，中国优秀博士学位论文全文数据库。

83. 欧阳肃通，2009，《转型事业下的中国农村宗教》，中国社会科学出版社。

84. 彭菲，2006，《神示与限制——一个宗教团体的研究》，瞿海源主编，《宗教、术数与社会变迁》（第二册），桂冠图书股份有限公司。

85. 彭尚青，2013，《当代中国基督教慈善主体及其特征——对长三角地区基督教慈善事业调研的思考》，李向平、文军主编，《中国信仰研究》第三辑，上海人民出版社。

86. 乔世东，2009，《社会资源动员研究》，《上海交通大学学报》（哲学社会科学版）第5期。

87. 瞿海源，2006，《宗教、术数与社会变迁》，桂冠图书股份有限公司。

88. 全国基督教两会，2012，《社会服务总结报告》，内部报告。

89. 任慧颖，2005，《非营利组织的社会行动与第三领域的建构》，中国优秀博士学位论文全文数据库。

90. 石大建、李向平，2009，《资源动员理论及其研究维度》，《广西师范大学学报》（哲学社会科学版）第6期。

91. 石丽，2012，《基督教信仰与团体秩序建构——以城市非体制教会个案为例》，中国优秀博士学位论文全文数据库。

92. 史蒂芬·葛润兰、米尔顿·雷马，1993，《基督徒社会观》，吴剑秋译，中华福音神学院出版社。

93. 斯蒂芬·亨特，2010，《宗教与日常生活》，王修晓等译，中央编译出版社。

94. 孙翠玉，2008，《"嵌入"过程的实践视角分析——关于一个客运群体形成、运作过程的考察》，中国优秀博士学位论文全文库。

95. 孙立平，1999，《动员与参与：第三部门募捐机制个案研究》，浙江人民出版社。

96. 孙毅，2006，《基督教与当代社会生活》，何光沪主编，《宗教与当代中国社会》，中国人民大学出版社。

97. 唐代虎，2011，《中西方宗教社会服务理念的相似性和差异性》，《宗教学研究》第 3 期。

98. 陶飞亚，2005，《复原还是趋新：中国农村教会走向的思考》，刘家峰主编，《离异与融合：中国基督徒与本色教会的兴起》，上海人民出版社。

99. 陶飞亚，2008，《宗教在服务社会促进发展中的积极作用》，《上海市社会主义学院学报》第 2 期。

100. 王冠，2013，《集体行动的动力机制研究——基于 T 市出租车罢运事件的考察》，中国优秀硕士学位论文全文数据库。

101. 王国伟，2010，《资源动员：城市社区公共服务资源获得机制研究》，《学术探索》第 2 期。

102. 王瑾，2006，《西方社会运动研究理论述评》，《国外社会科学》第 2 期。

103. 王美秀，2006，《当代基督宗教社会关怀——理论与实践》，上海三联书店。

104. 王铭铭，1997，《村落视野中的文化与权力：闽台三村五论》，生活读书新知三联书店。

105. 王娜娜，2010，《基督教参与社会服务问题探析》，《福建省社会主义学院学报》第 2 期。

106. 王燕琴，2006，《民间信仰对中国宗教发展的影响》，《宗教学研究》第 3 期。

107. 王莹，2011，《身份建构与文化融合——中原地区基督教会个案研究》，上海人民出版社。

108. 王作安，2013，《巩固成果 开拓创新 推动中国基督教公益慈善事业迈向新台阶》，曹中建主编，《中国宗教研究年鉴 2011-2012》，中国社会科学出版社。

109. 魏德东，2008，《教会的世俗化和社会的神圣化——以当代中国宗教公益事业为例》，张士江、魏德东主编，《中国宗教公益事业的回顾与展望》，宗教文化出版社。

110. 魏乐博，2009，《中国社会的宗教和公益》，《北京大学学报》（哲学社会科学版）第 4 期。

111. 吴飞，2001，《麦芒上的圣言——一个乡村天主教群体中的信仰与生活》，道风书社。

112. 吴梓明编，2001，《廿一世纪的宗教发展》，中文大学出版社。

113. 谢岳，2010，《抗议政治学》，上海教育出版社。

114. 邢福增，2006，《新酒与旧皮袋：中国宗教立法与〈宗教事务条例〉解读》，中文大学出版社。

115. 阎云翔，2006，《私人生活的变革：一个中国村庄里的爱情、家庭与亲密关系 1949-1999》，龚小夏译，上海书店出版社。

116. 阎云翔，2012，《中国社会的个体化》，陆洋等译，上海译文出版社。

117. 晏可佳，2007，《专业的社会工作与宗教的社会服务——构建和谐社会的双赢模式》，《上海市社会主义学院学报》第 1 期。

118. 杨光，2010，《从宗教慈善事业的发展看宗教对构建社会主义和谐社会的贡献》，http://www.pacilution.com/ShowArticle.asp?ArticleID=2319。

119. 杨合理，2012，《论政教分离的价值及适用》，《学习论坛》第 5 期。

120. 杨玲霞，2011，《豫南 X 地非登记教会与乡村社会秩序研究》，中国优秀博士学位论文全文数据库。

121. 杨美惠，2012，《礼物、关系学与国家》，赵旭东等译，江苏人民出版社。

122. 余丹茜，2010，《浅析自发性宗教组织资源形成过程——以浙江省天台县三井庙重修事件为例》，《台州学院学报》第 4 期。

123. 曾国权，2011，《"关系"动态过程理论框架的建构》，《社会》第 4 期。

124. 詹姆斯·科尔曼，1999，《社会理论的基础》，邓方译，社会科学文献出版社。

125. 张静，2008，《社会学论文写作指南》，上海人民出版社。

126. 张弩，2011，《我国宗教界开展公益慈善活动的回顾与展望》，《中国宗教》第 4 期。

127. 张树成，2011，《K 市转型之道》，江苏人民出版社。

128. 张志鹏，2012，《试论宗教慈善资源与公益组织的联结》，《宗教与慈善国际学术研讨会论文集》。

129. 张志鹏，2013，《让法律实体地位助推宗教公益慈善事业"腾飞"》，《中央民族报》6 月 18 日。

130. 张志祥，2009，《网络草根组织资源动员研究——以多背一公斤为个案》，中国优秀博士学位论文全文数据库。

131. 章友德等，2007，《资源动员与网络中的民间救助》，《社会》第 3 期。

132. 赵鼎新，2012，《社会与政治运动讲义》，社会科学文献出版社。

133. 郑双胜，2012，《社会资源动员：符号化·话语表达·结构固化——基于C 县 BL 乡白路村的选举观察》，《中国农学通报》第 5 期。

134. 郑筱筠，2012，《"另类的尴尬"与"玻璃口袋"——当代宗教慈善公益的"中国式困境"》，《世界宗教文化》第 1 期。

135. 中国社会科学院世界宗教研究所课题组，2010，《中国基督教入户问卷调查报告》，金泽、邱永辉主编，《中国宗教报告》（2010），社会科学文献出版社。

136. 周爱萍，2011，《非营利组织与其外部环境的互动关系研究——以温州绿眼睛环保组织为例》，中国优秀博士学位论文全文数据库。

137. 周进萍，2012，《政府支持现代慈善事业发展的路径研究》，《中共南京市委党校学报》第 5 期。

138. 周娟，2010，《环保运动参与：资源动员论与后物质主义价值观》，《中国人口·资源与环境》第 10 期。

139. 朱海忠，2011，《西方"政治机会结构"理论述评》，《国外社会科学》第6期。

140. 朱力、龙永红，2012，《我国现代慈善资源的动员机制》，《南京社会科学》第1期。

141. 卓新平，2011，《中国基督教"爱的神学"及其社会关怀》，http://www.pacilution.com/ShowArticle.asp?ArticleID=3165。

142. 卓新平、萨耶尔主编，2003，《基督宗教与当代社会》，宗教文化出版社。

143. 卓新平等，2012，《再论宗教与慈善公益》，《世界宗教文化》第2期。

144. 资中筠，2011，《财富的归属：美国现代公益基金会述评》，生活读书新知三联书店。

145. 左芙蓉，2006，《非政府组织与社会服务——以中国基督教女青年会为例》，《华东理工大学学报》（社会科学版）第3期。

146. 左芙蓉，2008，《中国基督教女青年会与当代公益事业》，张士江、魏德东主编，《中国宗教公益事业的回顾与展望》，宗教文化出版社。

附录一　访谈对象基本信息表

序号	姓名	性别	职　务	访谈时间	访谈地点
101	W 牧师	男	K 市三自主席，DSH 堂主任牧师	多次	DSH 堂等多处
102	WL 牧师	女	K 市三自秘书长，负责 SPA、BC、LY 三个聚会点	多次	KS 堂
103	Z 牧师	女	K 市三自副主席，KS 堂主任牧帅	多次	KS 堂
104	Y 牧师	女	K 市三自副主席，DSH 堂副丰任牧师	多次	DSH 堂
105	J 牧师	女	ZZ 点主任牧师	多次	KS 堂等多处
106	D 牧师	女	SPU 点主任牧师	2012.10.29	KS 堂
107	H 牧师	女	QD 点主任牧师	2012.5.16	QD 堂
108	WK 牧师	女	KS 堂牧师	2013.6-2013.7	网络
109	徐长老	男	长老	2013.6.19	被访者家中
110	XL	男	K 市三自会计	多次	KS 堂
111	H 牧师	男	前 DSH 堂主任牧师，现 S 市基督教三自爱国运动委员会主席	2012.5.14	S 市两会办公室
201	贺姊妹	女	KS 堂带读经	2012.10.30	KS 堂
202	JC	女	ZP 点义工，水厂抄表员	2012.5.17	被访者家里
203	TRD	女	K 市教会常委，DSH 堂堂委成员	多次	DSH 堂

204	何姊妹	女	心语室义工	2013.6.16	DSH 堂
205	陈姊妹	女	心语室义工	2013.6.16	DSH 堂
206	李姊妹	女	前 KS 堂会计，退休	2012.10.30	KS 堂
207	WCF	女	义工，私营杂货店老板	2012.5.17	自营杂货铺
208	ZZY	女	心语室义工，工厂清洁工	2013.1.16	DSH 堂
209	ZMZ	女	义工，农民	2013.1.17	DSH 堂
210	张姊妹	女	义工，工厂退休	2013.5.11	被访者家中
211	XH	女	平信徒	多次	被访者家中
212	WP	男	迦南书画院院长	2012.12.8	个人工作室
301	G 局长	男	K 市宗教局局长	2013.5.15	宗教局办公室
302	WBC	男	全国基督教两会社会服务部主任	2013.6.21	全国基督教两会办公室
303	XY	女	爱德基金会项目人员，"姐妹心语室"项目督导	2013.5.30	爱德基金会办公室
304	CM	女	爱德培育中心（K 市）工作人员	2013.6.13	爱德基金会办公室
305	BJY	男	全国基督教协会副总干事	2013.8.10	被访者家中

注：
1××=教职人员　　　　2××=平信徒、义工
3××=相关机构人员，如宗教局、爱德基金会等

附录二　江苏省宗教慈善发展报告

江苏省宗教慈善发展报告[1]

摘　要

宗教慈善公益，是宗教界人士和信教群众发挥在促进社会和谐和经济社会发展中积极作用的有效和现实途径之一。自 2012 年国家宗教事务局等部门联合下发《关于鼓励和规范宗教界从事公益慈善活动的意见》以来，宗教慈善公益事业到底发展到什么阶段？呈现出哪些主要特征？《意见》及慈善周的开展是否有效促进了宗教界的慈善活动抑或产生其他影响？为了回答这些问题，我们通过问卷、深度访谈、集中座谈三种主要形式对江苏省 13 个城市的相关政府工作部门、宗教团体/协会与宗教场所展开了全面调研与资料收集工作。

总体来看，各大宗教分别在各自领域做了较为显著的尝试并获得了一定的成效。具体表现在：慈善理念深入人心。政府相关部门与宗教界基本达成共识，认识到宗教从事公益慈善事业的重要性与优势所在。继《意见》的出台与"宗教慈善周"的推行，宗教界对参与公益慈善活动的积极性有了更为明显的提高。慈善活动日趋丰富。具体表现在慈善行为的组织化程度提高；

---

[1] 此部分为笔者撰写的《江苏省宗教慈善发展状况》调查报告。如果说围绕 K 市基督教慈善是典型的以"点"为主的案例研究，那么此报告希望从"面"上呈现出地区性的宗教慈善整体发展状况。

救助内容从传统的扶贫济困、医疗服务等拓展到精神关怀、心理慰藉、文化推广等；个别宗教团体/协会或场所成立了基金会或慈善办公室，独立运作或是借助第三方专业公益机构开展合作。资金筹措多元化。宗教界筹集慈善公益资金的主要方式仍然依托于向信徒募集，但募集的方式呈现多元化的趋势，借助微信公众号等平台实施的微公益也日渐盛行。现代慈善平台的整合。2015年11月江苏省统战部、宗教局与爱德基金会联合成立的江苏省宗教公益培训基地，为江苏宗教慈善的现代化提供了更高视野的平台。

虽然宗教界开展公益慈善事业取得了不小的进步，但本次调研中我们也注意到宗教慈善面临的发展瓶颈，归纳如下：整体发展不平衡。具体体现在区域间的不平衡与宗教间的不平衡，苏南地区宗教慈善普遍开展的较好，而苏北地区相对滞后；佛教与基督教有一定的实力开展活动，其它三教略显不足。专业性不足。受制于人才不足，人才素质不高，理念落后，宗教界难以开展有效地项目策划、资金筹措和项目运作等工作，客观上造成了宗教慈善在筹款以及社会服务方面的非专业性，影响了宗教慈善界资源的筹措能力、服务能力与治理能力的发挥。具体操作缺乏明细指导。《意见》的出台让各大宗教从事慈善公益事业获得了更好的政策支持，但大家普遍反映在具体操作层面，包括慈善组织的注册、登记，捐赠票据的开具，慈善领域的介入等方面遭遇限制。媒体宣传中的"失声"。具体表现在慈善活动可以得到一定程度的报道，但"宗教团体"这样的行动主体却被隐匿起来。从长远来看，这种状况势必影响到宗教界开展慈善公益活动的积极性。

基于以上对宗教从事慈善公益事业的现状与问题分析，我们着重从宗教界与政府两方面提出建议：宗教界可以从探索组织定位、提升专业能力与淡化宗教身份、突出社会功能两个方面予以努力；而政府对宗教界开展慈善公益事业可以以"宽严相济"的思路进行完善。

一、前言

宗教慈善公益事业是宗教界人士和信教群众发挥在促进社会和谐和经济社会发展中积极作用的有效实现途径之一。一方面，从宗教自身来说，通过慈善公益活动的开展可以增强信教群众之间、宗教之间乃至信教与不信教群众之间的交流，从而促进宗教与社会的和谐；另一方面，从社会建设角度看，宗教慈善作为一种整合社会资源的途径，可以同其他社会组织一样，分担政府的社会建设任务，为民众提供良好的社会服务。

2012 年 2 月，国家宗教事务局、中共中央统战部、国家发展和改革委员会、民政部、财政部、国家税务总局联合下发《关于鼓励和规范宗教界从事公益慈善活动的意见》（以下简称《意见》）。该《意见》肯定了我国宗教界从事公益慈善活动的积极意义，择要地列出了鼓励宗教界从事公益慈善活动的主要范围、基本形式以及可以享受或者参照享受的扶持和优惠政策，具有鲜明的导向性。同年，"宗教慈善周"在全国范围开展，并以每年一次的周期持续进行。

截至目前，宗教慈善公益事业到底发展到什么阶段？呈现出哪些主要特征？《意见》及慈善周的开展是否有效促进了宗教界的慈善活动抑或产生其他影响？带着这些问题，课题组以问卷、深度访谈、集中座谈三种主要形式对江苏省 13 个城市开展了全面调研，本研究报告即为此次调研的主要成果。

二、研究目标

了解《意见》在江苏省的贯彻落实情况，掌握宗教界从事公益慈善活动基本情况、面临的困难和问题、政策屏障，并提出意见建议。具体的，包括如下四项：

梳理各级政府部门围绕《意见》的传达、执行、开展、支持情况；

了解宗教界开展慈善活动的基本情况，如慈善机构类型、组织数量、规模、涉及的慈善领域变化，以及享受优惠政策情况；

归纳宗教界从事公益慈善活动存在的困难和问题；

对进一步鼓励和规范宗教界开展公益慈善活动提出意见和建议。

三、研究思路

为了实现上述目标，本研究对江苏省 13 个城市的宗教慈善相关人员进行调查，这里的相关人员包括与宗教慈善有关联的政府工作人员、宗教团体/协会代表及宗教场所代表；这里的宗教具体指佛教、道教、基督教、天主教与伊斯兰教，民间信仰不在研究之列。

　　具体资料收集方式为问卷、座谈及深度访谈。课题组先后赴苏州、南通、连云港、淮安等 13 个城市，在各市宗教局的组织下，与相关职能部门负责人、五大宗教的团体/协会负责人及部分宗教场所代表进行座谈，了解他们对宗教开展慈善的理念以及已经开展的慈善公益活动。座谈会结束后当场发放并回收问卷。课题组还选取了跟宗教密切相关的组织与较有典型意义的市县宗教场所代表进行面对面的深度访谈，如江苏省宗教局、苏州市宗教局、苏州市的佛教、基督教场所负责人等。

　　通过这样的资料收集方法既能对江苏宗教慈善公益事业有整体的把握，又能对宗教慈善认知与行为背后的深层次的原因有一定的解析，从而实现面与点的结合。

四、宗教公益慈善事业的基本情况

　　如研究方法中所述，本研究主要面向三类人群，政府相关部门代表、五大宗教团体/协会负责人以及部分宗教场所代表发放问卷。其中，对政府相关部门的调研内容主要包括个体特征、围绕宗教慈善已开展的工作以及对宗教界开展慈善公益活动的基本态度；对五大宗教团体/协会的调研内容主要包括个体特征、对慈善公益的态度、已开展的慈善公益活动、慈善资金情况以及在慈善活动中与政府的互动情况；对宗教场所的调研内容包括个体特征、场所基本情况、对慈善公益的态度、已开展的慈善公益活动、慈善资金情况以及在慈善活动中与政府的互动状况。下面我们就三大调查人群具体阐述研究发现。

（一）政府相关部门对宗教慈善的认知与实践

1. 研究对象基本情况

　　本研究面向政府相关部门发放有效问卷 142 份，从表 1-1 我们可以发现，就性别而言，男性占七成以上，女性不足三成；民族方面，超过 88% 的人为汉族；文化程度方面，88.2% 的人具有本科及以上学历；工作部门来源方面，78.5% 的人来自宗教局系统，7.4% 的人来自统战系统，11.1% 的人来自民政系统，没有来自发改委、财政、税务等部门的代表。从职务与在岗时间工作两方面看，超过五成的人为部门负责人或副职，超过五成的人已在现有岗位工作四年及以上，由此可推断他们对宗教及宗教慈善工作有一定的了解。

表 1-1　政府相关部门工作人员基本特征

	样本特征	频数	百分比		样本特征	频数	百分比
性别 （N=137）	男	106	77.4	民族 （N=135）	汉族	119	88.1
	女	31	22.6		少数民族	16	11.9
文化程度 （N=136）	小学及以下	0	0	所在部门 （N=135）	统战部系统	10	7.4
	初中	0	0		宗教局系统	106	78.5
	高中或中专	1	0.7		发改委系统	0	0
	大专	14	10.3		民政系统	15	11.1
	本科	99	72.8		财政系统	0	0
	硕士及以上	21	15.4		税务系统	0	0
	其他	1	0.7		其他	4	3
职务 （N=137）	部门负责人	28	20.4	在岗时间 （N=106）	3 年及以下	50	47.2
	部门副职	48	35		4-6 年	26	24.5
	具体业务人员	54	39.4		7-9 年	19	17.9
	其他	7	5.1		10 年及以上	11	10.4

2. 政府相关部门围绕宗教慈善开展的工作

围绕政府相关部门开展宗教慈善的工作，我们主要从两方面进行考察。一是工作中接触公益组织或宗教的可能性，二是工作中办理与慈善相关业务的排序，三是组织和学习《意见》的工作完成度。

表 1-2　工作中接触公益组织或宗教的可能性

是否接触公益组织 （N=136）	频数	百分比	是否接触宗教界（人士） （N==136）	频数	百分比
是	112	82.4	是	124	91.2
否	24	17.6	否	12	8.8

表 1-2 显示，82.4%的人在工作中接触公益组织或宗教，91.2%的人在工作中接触宗教界人士。这可能与填答者大多来源于宗教系统、民政系统与统战系统有关。但是当问及工作中办理与慈善相关业务问题时我们发现（表 1-3），只有近 3 成左右的人涉及社会团体、基金会、民非等年审工作与注册工

作，而对行政事业单位收据或捐赠收据的申领、政府购买资金的管理以及免税资格的认定涉及较少，还有超过 3 成的人表示日常工作中不涉及所罗列的选项。

表 1-3　工作中办理与慈善相关业务的排序（N=142）

排　序	业务内容	频　数	百分比
1	所列活动都不涉及	45	31.7
2	社会团体、基金会、民非等年审	42	29.6
3	社会团体、基金会、民非等注册	40	28.2
4	行政事业单位收据或捐赠收据的申领	21	14.8
5	政府购买资金的管理	14	9.9
6	免税资格的认定	9	6.3
7	其他	7	4.9

　　座谈会中，有宗教管理部门代表坦言"平时对宗教慈善接触的比较少，对基本情况的了解也不多。"[2] "宗教界从事慈善我们也不知道，觉得宗教界的慈善还是要宣传，让政府和领导感觉到。"[3]

　　由此可见相关政府部门工作人员较少面对与处理宗教慈善的工作，这也从侧面说明宗教界开展慈善公益活动还缺乏组织性、系统性，没有进入正式的慈善公益管理系统。

　　针对《意见》的传达情况，从表 1-4 数据我们可以看出，绝大多数（76.7%）的部门都组织过对《意见》的学习和传达工作。我们又分别对学习、传达的时间与频次两个维度进行考察。时间方面，只有 49 人对此题做了回答，还有 93 人或因人员变化或因记忆的原因而没有填答。已填答的答案分布于 2012 至 2016 年间，其中，9.2%的人回答 2012 年，5.6%的人回答 2013 年，3.5%的人回答 2014 年，3.5%的人回答 2015 年，12.7%的人回答 2016 年。频率方面（表 1-5），63 人对此题做了回答：超过一半的人（55.6%）1 次，超过三成的人回答 2 次，还有 11.1%的人回答 3 次及以上。

　　也有宗教局代表谈到《意见》出台后他们所开展的工作及难处。"《意见》出台后，我们主要负责文件传达，加大引导力度，还没有落实具体措施。

2　引自宿迁市统战部代表。
3　引自宿迁市民政局代表。

相较之前一个变化是，现在强制要求将慈善放到年度计划中，而之前没有相关要求。国家出台《意见》后，地方没有出台配套性的政策或细则，应该来说并没有实施起来。出台前后，总体环境、办事方法并没有任何变化，还是都按老办法来。《意见》实施起来比较困难，不符合实际情况，应该多听听基层的声音。除宗教局外，包括统战部在内的其他部门都没有参与进来。自上而下推进《意见》比较容易，而自下而上则比较困难。"[4]

表1-4　是否有组织过对《意见》的学习和传达活动（N=133）

	频　数	百分比
有	102	76.7
没有	31	23.3

表1-5　传达《意见》的次数（N=63）

	频　数	百分比
1次	35	55.6
2次	21	33.3
3次及以上	7	11.1

　　总体来看，对于有组织学习与传达《意见》的政府部门来说，他们较好地完成了工作，如省民宗局先后通过"转发、组织培训"[5]的方式传达《意见》精神。但我们同时又注意到，该题的回答缺失率较高，即可能存在部分政府部门没有开展相关工作的情况，而这又分两种情况：

　　一种情况是部分宗教部门本身没有传达该《意见》，如宿迁市宗教局代表这样表达他们的难处："《意见》下来，对我们宿迁没什么改变。各部门没有聚在一起商量，我们现在要解决生存的问题而不是发展的问题，首先要保证宗教活动，再做慈善活动。"[6]

　　另一种情况则是除了宗教部门以外的其他民政、统战部门没有组织对文件的学习："2012年六部委发的《意见》，只有宗教局一家在做，其它五个部委都没有太大程度去推动，所以我们拿着这个《意见》去沟通很难，宗

4　引自金坛市宗教局代表。
5　引自江苏省民宗局代表。
6　引自宿迁市宗教局代表。

教局的压力是非常大的。应该是六部委一起来做，而不是只有一个部委在做。"7

"《意见》对苏南比较适用，我们是苏北中的落后地区，达不到要求，我们也想成立基金会，但是做不起来。我们民政部全力配合、支持宗教局，但是下发的文件跟我们的状况不吻合，我们心有余而力不足。我们还是互助、帮扶性活动居多。"8

3. 政府相关部门对宗教慈善的认知与态度

围绕政府相关部门对宗教慈善的认知与态度，我们主要通过以下几个问题进行考察：政府相关部门对宗教界从事公益活动的基本态度，政府是否支持宗教界开展公益活动，宗教界开展慈善的优劣势分析，宗教界开展慈善活动的形式以及如何看待宗教界开展慈善与传教的关系。

绝大多数人对宗教界或宗教人士开展公益慈善活动持积极肯定的态度。表1-6 显示，93.4%的人认为公益慈善是宗教的本质属性和主要功能，应积极参与，如有政府代表认为"慈善活动是宗教界积极参与社会活动，回馈社会的重要途径。"9；5.9%的人认为"慈善与宗教界或宗教人士没有必然关系，但可以参与"；只有极个别人（0.7%）认为"宗教界不应该从事慈善公益活动"。

表1-6　对宗教界从事公益活动的态度（N=136）

观　点	频　数	百分比
公益慈善是宗教的本质属性和主要功能，应积极参与	127	93.4
与宗教界和宗教界人士没有必然关系，但可以参与	8	5.9
与宗教界和宗教界人士没有必然关系，参加是为响应号召	0	0
不应该从事这样的活动	1	0.7
不确定	0	0

既然绝大部分人都对宗教界开展慈善公益活动持肯定的态度，那么政府部门是否支持宗教界从事相关活动呢？表 1-7 显示，除了 5.1%的人没有明确表态外，89.8%的人认为"政府支持宗教界从事公益慈善活动"，同时还有5.1%的人提出"政府对宗教界开展慈善公益的限制比较多"。

7　引自连云港宗教局代表。
8　引自宿迁市民政局代表。
9　引自泰州市宗教局代表。

表1-7 政府是否支持宗教界从事公益活动（N=137）

	频　　数	百分比
积极支持	90	65.7
比较支持	33	24.1
限制比较多	7	5.1
非常限制	0	0
不确定	7	5.1

针对选择"限制比较多"的答案，我们又做了进一步的考察：把"所在政府部门"、"在岗时间"两个因素同"态度"作了交叉分析。表1-8显示，回答"限制比较多"的多来自宗教局部门；表1-9显示，回答"限制比较多"的工作时间多集中1-3年和7年及以上，即刚刚开始在此岗位工作的人或是工作年数较长的人更倾向于认为政府对宗教开展慈善活动有比较多的限制。

表1-8 所在政府部门与对政府是否支持宗教界从事公益活动的态度的交互统计 %（n）

	统战部系统	宗教局系统	民政系统	其他部门
积极支持	80（8）	65.1（69）	73.3（11）	25（1）
比较支持	20（2）	24.5（26）	13.3（2）	50（2）
不确定	0（0）	4.7（5）	6.7（1）	25（1）
限制比较多	0（0）	5.7（6）	6.7（1）	0（0）
合计	100（10）	100（106）	100（15）	100（4）

表1-9 在岗时间与对政府是否支持宗教界从事公益活动的态度的交互统计%（n）

	1-3年	4-6年	7-9年	10年及以上
积极支持	64（32）	73.1（19）	68.4（13）	72.7（8）
比较支持	30（15）	19.2（5）	21.1（4）	0（0）
不确定	0（0）	7.7（2）	0（0）	9.1（1）
限制比较多	6（3）	0（0）	10.5（2）	18.2（2）
合计	100（50）	100（26）	100（19）	100（11）

　　对于宗教界开展慈善活动的优势（表 1-10），超过 6 成的政府相关部门工作人员都认为"宗教界开展慈善有信仰上的支持，在服务方面更有优势"；还有超过 5 成的人认为"宗教界筹集善款更容易；宗教组织有较高的社会公信度；宗教开展慈善有其悠久的历史传统"；此外还有 4 成多的人认为"宗教组织在义工动员方面存在明显优势"。

表 1-10　对宗教界开展慈善活动的优势判断排序（N=142）

排　序	优　势	频　数	百分比
1	有信仰支持，在服务上更有优势	89	62.7
2	募集善款更容易得到支持	84	59.2
3	较高的社会公信度	78	54.9
4	悠久的历史传统	72	50.7
5	义工动员能力强	66	46.5

　　而对宗教界开展慈善公益的劣势方面（表 1-11），超过 6 成的政府相关部门工作人员首选"社会上假借宗教人士身份进行诈骗活动对宗教界产生不利影响"，5 成的人提到"个别宗教界人士的负面影响会被扩大化"；3 成多的人指出"宗教界人士开展的慈善活动少，媒体报道少，不利于宗教界开展公益慈善活动"；超过 2 成的人认为"法律所禁止的传教类型没有细化，不利于宗教界开展公益慈善活动"；另还有不到 2 成的人认为"教内对从事公益慈善活动的意见不统一"。

表 1-11　对宗教界开展慈善活动的劣势判断排序（N=142）

排序	劣　势	频数	百分比
1	社会上假借宗教人士身份进行诈骗活动对宗教界产生不利影响	95	66.9
2	个别宗教界人士的负面影响被扩大化	71	50
3	宗教界人士开展的慈善活动，媒体报道少，不利于社会传播	55	38.7
4	法律所禁止的传教类型未细化，不利于宗教界开展公益慈善活动	30	21.1
5	教内对从事公益慈善活动的意见不统一	28	19.7
6	其他	2	1.4

　　对于宗教界开展慈善活动的形式，相关政府部门的工作人员对他们认为的适合的方式进行了多项选择，表 1-12 表明，5 成及以上的人选择了三种方

式："通过成立基金会或其他形式的社会服务机构专业运作、直接从事公益慈善活动、与社会上专业的社会服务机构合作";不到 2 成的人认为"可以把资金交给上级协会或团体,由其运作公益慈善活动或是把资金交予宗教主管部门,由其统一处理";8.5%的人认为"宗教背景相对敏感,应为社会专业机构提供资金不必直面社会"。由此可见,绝大部分的政府工作人员认为应给予宗教组织更多的从事慈善公益的自主性,小部分政府工作人员希望宗教资金交予上级部门统一分配管理。

表1-12　对宗教界开展慈善活动形式的认知排序（N=142）

排　序	业务内容	频　数	百分比
1	通过成立基金会或其他形式的社会服务机构专业运作	107	75.4
2	直接从事公益慈善活动	85	59.9
3	与社会上专业的社会服务机构合作	71	50
4	把资金交给上级协会或团体,由其运作公益慈善活动	24	16.9
5	把资金交予宗教主管部门,由其统一处理	23	16.2
6	宗教背景相对敏感,应为社会专业机构提供资金支持,不必直面社会	12	8.5

4. 宗教系统部门对慈善周的看法及反馈

继 2012 年开始,每年全省宗教范围都推行了"慈善周"活动。调研中,基层部分宗教局代表对慈善周的一些做法表达了他们的困惑:

"佛教和基督教经济条件较好,道教、伊斯兰教和天主教募捐能力有限,伊斯兰教自养问题还未解决。要考虑不同团体的自身能力,不能一味的去强调要搞成什么样,鼓励为主。其次,宗教慈善周的主题尚未确定,主题要提早下,全省要统一好,不能随意性大。多头开展,省里搞市里搞底下也在搞,要给一个具体一点的方案,计划性的活动。"[10]

对于基层宗教系统代表提出的疑惑,江苏省级宗教管理部门也了解到相关情况,并作了积极的调整:

"慈善周从 2012 年出台《意见》开始,每年 9 月份第三周,一般这个时间。前期是我们一个行政推动为主,大家都站台,第二个就是发团报评比,看各家的数字。有数字嘛,好排名。但是这个工作到县区这一级,它就相对

---

10 引自泰州市宗教局代表。

简单，当然更多在我们上面引起宗教界的一些反感。这个埋怨情绪从第三年就已经开始反映上来了，后来我们调整思路，情感关怀也是慈善，并且时间上不再局限于某一个具体的点，全年做的都算慈善周的成果。总体原则更强调因地制宜，量力而行，自觉自愿，从这个角度来引导。" [11]

（二）宗教团体/协会开展慈善公益事业的基本状况

围绕宗教团体/协会开展慈善公益事业的情况，我们着重从五个方面分别予以考察：宗教团体/协会对宗教开展慈善活动的基本认知、宗教团体/协会已开展慈善活动的基本情况；宗教团体/协会的慈善资金情况；宗教团体/协会开展慈善活动中与政府交往状况；《意见》对宗教团体/协会开展慈善活动的影响。

1. 研究对象基本情况

表 2-1 显示，128 名宗教团体/协会代表中，男性 103 人，占 80.5%；女性 25 人，占 19.5%。年龄方面，平均年龄 50 岁，最小年龄 22 岁，最长年龄 81 岁。其中，30 岁及以下有 7 人，占 5.4%；31-40 岁有 17 人，占 13.3%；41-50 岁有 45 人，占 35.2%；51-60 岁有 40 人，占 31.2%；61 岁及以上有 19 人，占 14.8%。民族方面，82.8% 的人为汉族，14.1% 为回族，还有 3.1% 的其他少数民族。

表 2-1　团体/协会工作人员基本特征

	样本特征	频　数	百分比
性别 （N=128）	男	103	80.5
	女	25	19.5
年龄 （N=128）	30 岁及以下	7	5.5
	31-40 岁	17	13.3
	41-50 岁	45	35.2
	51-60 岁	40	31.2
	61 岁以上	19	14.8
民族 （N=128）	汉族	106	82.8
	回族	18	14.1
	其他	4	3.1

---

11 引自江苏省民宗局代表。

国民教育程度 （N=128）	小学及以下	0	0
	初中	9	7
	高中或中专	30	23.3
	大专	36	28
	本科	45	34.9
	硕士及以上	8	6.2
宗教教育 （N=126）	是	79	62.7
	否	47	37.3
宗教类型 （N=126）	佛教	27	21.4
	道教	19	15.1
	伊斯兰教	19	15.1
	天主教	22	17.5
	基督教	39	31

　　教育程度方面，受访的 128 人，有 39 人（30.3%）为高中及以下文化水平；36 人（28%）为大专文化，53 人（41.1%）为本科及以上。除了国民教育以外，我们还考察了他们的宗教教育程度：62.7%的人表示接受过正规的宗教教育。宗教来源方面，31%的人来自基督教，21.4%的人来自佛教，17.5%的人来自天主教，15.1%的人来自道教，15.1%的人来自伊斯兰教。

2. 宗教团体/协会对宗教界开展慈善活动的认知

　　宗教团体/协会本身如何看待宗教界开展公益慈善活动呢？表 2-2 显示：98.3%认为"公益慈善是宗教的本质属性和主要功能，应积极参与"，另有 1 人表示"慈善与宗教无必然关系，但可以参加"，还有 1 人表示"不应该从事这样的活动"。

　　对于"不应该从事慈善活动"，一位基督教牧师的说法可以对此态度作一解释：

　　"不少信徒对教会做慈善存在误读，认为做慈善是世俗的事情，甚至神学生也有这些误解。这种观念也成为做慈善的一个阻碍。需要更多的宣传，让大家知道做慈善也是对自己信仰的表白。"[12]

　　但座谈中我们发现，绝大多数宗教团体/协会代表都充分认识到宗教慈善的重要性，有团体代表这样反映近些年的变化：

---

12 引自无锡市基督教协会代表。

"我们从教会建设到建设信仰转变。以前教徒的精力都放在建设教堂上，进入新时期以来，现在各个教会都有处所，设施和环境都在不断改善，现在信徒都在建设信仰，就是通过做公益慈善活动，好多信徒转变了信仰，现在更认识到我们基督徒也是公民，在社会大家庭之中应该来建设我们的信仰。让人们能更好地认识基督教，让基督教也能被社会更好地接纳。"[13]

可见，绝大多数宗教界的代表对宗教界从事公益慈善活动持积极参与的态度。

表 2-2　宗教团体/协会对宗教界从事公益慈善活动的认知（N=119）

观　点	频　数	百分比
公益慈善是宗教的本质属性和主要社会功能，应积极参与。	117	98.3
与宗教界和宗教界人士没有必然关系，但可以参与	1	0.8
与宗教界和宗教界人士没有必然关系，参加是为了相应号召	0	0
不应该从事这样的活动	1	0.8
不确定	0	0

对于宗教界开展慈善活动的形式，表 2-3 显示：将近 7 成的团体/协会代表认为"宗教界应该直接从事公益慈善活动"，将近 6 成的人选择了"通过成立基金会或其他形式的还会服务机构专业运作"，但也有超过 6 成的人同时选择了"把资金交予宗教主管部门，由其统一处理"。由此可见，对于宗教界应该如何开展慈善公益活动，宗教团体/协会的想法是存在矛盾的，一方面认为宗教界应该自己直接从事慈善活动，另一方面又认为应该交予宗教管理部门统一协调，缺乏较为一致的想法。

表 2-3　宗教团体/协会对宗教界从事公益慈善活动形式的认知排序（N=129）

排　序	业务内容	频　数	百分比
1	直接从事公益慈善活动	90	69.8
2	通过成立基金会或其他形式的社会服务机构专业运作	76	58.9
3	与社会上专业的社会服务机构合作	51	39.5
4	把资金交给上级协会或团体，由其运作公益慈善活动	21	16.3

---

13 引自徐州市基督教协会代表。

| 5 | 把资金交予宗教主管部门，由其统一处理 | 88 | 68.2 |
| 6 | 宗教背景相对敏感，应为社会专业机构提供资金支持，不必直面社会 | 3 | 2.3 |

有学者归纳宗教界参与社会公益慈善事业的特殊的优势表现在：深刻的信仰基础，悠久的慈善传统，较高的道德感召力与社会公信度。[14]本研究中，宗教团体/协会对于宗教界开展慈善活动的优势与上述研究结论基本一致，按照从高到低的排序依次为（表2-4）："较高的社会公信度"、"有信仰支持服务上更有优势"、"悠久的历史传统"、"义工动员能力强以及筹集善款更容易得到支持"。可见大部分宗教团体/协会都看到了宗教与慈善的内在渊源。而对于宗教界开展慈善的劣势（表2-5），将近一半的团体/协会提出"媒体报道少"和"个别宗教人士不当行为带来的负面社会效应"是主要的问题所在，还有少人数提出"法律所禁止的传教类型未细化，不利于宗教界开展公益慈善活动"。

表2-4　宗教团体/协会对宗教界开展慈善活动的优势判断排序（N=129）

排序	优势	频　数	百分比
1	较高的社会公信度	86	66.7
2	有信仰支持，在服务上更有优势	79	61.2
3	悠久的历史传统	68	52.7
4	义工动员能力强	62	48.1
5	募集善款更容易得到支持	51	39.5

表2-5　宗教团体/协会对宗教界开展慈善活动的劣势判断排序（N=129）

排序	劣势	频数	百分比
1	宗教界人士开展的慈善活动，媒体报道少，不利于社会传播	64	49.6
2	社会上假借宗教人士身份进行诈骗活动对宗教界产生不利影响	61	47.3
3	个别宗教界人士的负面影响被社会认知扩大化	37	28.7
4	法律所禁止的传教类型未细化，不利于宗教界开展公益慈善活动	29	22.5
5	教内对从事公益慈善活动的意见不统一	26	20.2
6	其他	4	3.1

---

14 裴勇，宗教界开展社会公益慈善事业的优势与空间，《中国宗教》，2008.4.

《意见》中明确提出宗教开展慈善活动中不能有传教行为。那么宗教团体/协会是如何看待慈善与扩大宗教影响的问题呢？66.9%的团体/协会认为宗教界开展慈善活动不是为了扩大影响，13.2%的团体/协会表示不确定，还有19.8%的团体/协会同意宗教界开展慈善活动是为了扩大影响的说法。由此可见，对于宗教界开展慈善活动与扩大宗教的社会影响二者关系，宗教团体/协会会并无一致的想法，大部分人否认二者关系，但也有少数人认为二者是不能割裂开的。

表 2-6　宗教团体/协会对"宗教界开展慈善活动是为了扩大宗教影响"的态度（N=121）

态　度	频　数	百分比
非常不同意	49	40.5
比较不同意	32	26.4
不确定	16	13.2
比较同意	16	13.2
非常同意	8	6.6

3. 宗教团体/协会开展慈善活动基本情况

对于宗教团体/协会已经开展的慈善活动，我们主要分设立机构或项目、关注领域、发起方式、面向区域、受益对象、遭遇困难等方面予以考察。表2-7显示，在被调查的宗教团体/协会中，32.6%的机构成立了慈善基金，将近2成的团体/协会有自己的养老院，1成左右的团体/协会有心理辅导室或医院、诊所，还有个别团体/协会表示他们有孤儿院或托儿所。由此可见，宗教团体/协会开展慈善活动的组织化形式还不是很高。

表 2-7　宗教团体/协会已设立机构或项目的排序（N=129）

排序	已设立的机构或项目	频数	百分比
1	慈善基金	42	32.6
2	养老院	24	18.6
3	心理辅导室	15	11.6
4	医院或诊所	14	10.9
5	孤儿院	4	3.1
6	托儿所	2	1.6

活动领域方面，"极关注"与"很关注"的领域依次为扶贫济困、儿童福利与养老服务、医疗卫生与环境保护，而文化艺术是最不为大家所关注的。

从以下两段分别来自道教与伊斯兰教团体代表的分享，我们亦可窥视出宗教团体/协会开展慈善公益活动的主要领域。

"我们（道教）做慈善的形式，总体来说是多种多样的，第一，我们通过筹资，或者是直接募资的形式来赞助对方；第二，我们也会准备物资给一些贫困的人群；第三，对于贫困的小孩，我们最近在办一个少儿班，准备把他们接过来，供他们吃住，帮他们学习；第四，我们会去一些贫困家庭，带着我们的义工团，帮他们操持一些家务、购买一些物品；第五，我们会去一些比较贫困的敬老院、养老院，以及联系一些贫困学生，我们会直接帮助他们；第六，对于老人、小孩，我们会用心灵去慰问他们。我们之前带着道教音乐团、武术团去敬老院演出，他们很开心。"[15]

"我们（伊斯兰教）捐助贫困的大学生；每年定期到敬老院举办'送拉面'的活动；给贫困穆斯林团体进行捐款捐物。主要帮扶对象以穆斯林为主，还有少数民族团体。"[16]

同时，也有宗教代表意识到宗教慈善必须突破传统模式，走自己的特色之路。如佛教、基督教普遍意识到从"精神关怀"、"心灵慰藉"的角度切入：

"应该把五大宗教慈善工作推向一个更高的层面，走向一个更新的层面。老百姓不差钱，他需要的是各方面的一个支持。做一个康复中心，把心灵上创伤的人带到我们团体中来，进行一种疏通啊，心灵救治，让他慢慢走向康复。"[17]

表 2-8　宗教团体/协会开展慈善活动的发起方式排序（N=129）

排序	发起方式	频数	百分比
1	响应"宗教慈善周"发起的活动	97	75.2
2	由信徒发起，本协会/团体支持	48	37.2
3	与同宗教组织合作开展	48	37.2

---

15 引自金坛市道教协会代表。
16 引自金坛市伊斯兰教协会代表。
17 引自泰州市基督教协会代表。

4	由公益组织发起的合作	40	31
5	成立基金会	22	17.1
6	与其他宗教组织合作开展	14	10.9
7	设立民办非企业单位	10	7.8
8	尚未开展任何活动	8	6.2
9	其他	3	2.3

宗教团体/协会发起慈善活动的方式方面，表2-8显示：75.2%都是集中在"响应'慈善周'的号召"，还有3到4成是"依靠信徒发起"或"与同宗教组织开展活动"或"与公益组织展开的合作"。而"成立基金会、与其他宗教组织开展合作、设立民非"等是宗教团体/协会较少采用的方式。慈善的服务对象方面，宗教团体/协会既有面向全社会又有以宗教信徒为主而开展的活动（表2-9）；活动区域则兼顾到本县/区、本市及中国大陆（表2-10）。极个别宗教团体/协会（3.5%）开展的活动只面向宗教内部信徒或限于团体/协会本身。

表2-9　宗教团体/协会开展慈善活动面向的对象（N=114）

服务对象	频　数	百分比
只为宗教信仰服务	5	4.4
宗教信徒为主，也服务于普通民众	45	39.5
面向全社会	64	56.1

表2-10　宗教团体/协会开展慈善活动面向的区域分布（N=113）

服务区域	频　数	百分比
无地域限制，世界范围内	21	18.6
中国大陆	33	29.2
本省/自治区/直辖市	31	27.4
本市/县/区	24	21.2
仅限于本团体/协会	4	3.5

除了考察宗教团体/协会已经开展的慈善活动范围外，我们还询问了若条件允许，宗教团体/协会希望开展的慈善活动。数据显示（表2-11），宗教团体/协会的"希望"与实际已经开展的活动高度一致，集中表现在老人服务、贫困助学、医疗卫生、助残等形式。

表 2-11　若条件许可，宗教团体/协会希望开展的慈善活动排序
（N=129）

排　序	希望开展的慈善活动	频　数	百分比
1	开办老人院	77	59.7
2	开展助学活动（贫困学子）	59	45.7
3	开展助困活动（困难家庭）	53	41.1
4	设立慈善基金	51	39.5
5	开办医院/诊所	31	24
6	开展助残活动	27	20.9
7	开办孤儿院	20	15.5
8	开办托儿所	9	7
9	不打算开展	4	3.1
10	其他	4	3.1

谈及慈善行为中面临的困难，遭遇最多的前五项（表 2-12）为"缺少资金"、"缺少专职人员"、"缺少专业服务技能"、"缺少政策支持"及"社会对宗教和宗教人士的负面认识"。

表 2-12　宗教团体/协会开展慈善活动面临的困难排序（N=129）

排　序	困　难	频　数	百分比
1	缺少资金	84	65.1
2	缺少专职人员	66	51.2
3	缺少专业服务技能	53	41.1
4	缺少政策支持	36	27.9
5	社会对宗教和宗教人士的负面认识	21	16.3
6	无计划开展	19	14.7
7	场所基建任务重，无暇顾及其他	12	9.3
8	缺少义工	12	9.3
9	其他	3	2.3
10	以上均没有	1	0.8

访谈中我们发现，自养能力直接影响到宗教团体/协会筹措慈善资金的水平。在专业性方面，大家普遍反映"存在短板，缺乏专业"。

"虽然我们在慈善方面做了不少事，但从方法上讲很单一，基本上都是出钱出力的方法，原因有三：一是这种方法也最省事，直接交给受助人群很简便；二是我们自身在受助人群的分析、慈善资源的分配、慈善活动的创新、造血输血的途径等方面缺少精力和知识能力，所以效果也就不大；三是大部分信徒也是慈善的对象。教会中有三多：老人多、妇女多、不识字多，其实还有一类也比较多，因病因难，虽然近年来有所改观，但总体上讲，特别是基层农村教会，病、弱、难所导致的弱势群体占不少于百分之六十。这样也就约束其有更多的善举，就是心有余而力不足。"[18]

同时各宗教团体/协会代表都流露出他们日益强烈的慈善专业意识："我们会借助于慈善总会、红十字会、爱德基金会等正规平台来开展正常规范的活动，每个教职人员要谨慎实施，不可被居心不良者利用。同时在加强引导方面，还要提高教职人员的素质与能力以及规范管理。"[19]

4. 宗教团体/协会的慈善资金基本情况

问卷中我们详细调查了宗教团体/协会的收入、支出及各自的明细。但是从收集上的信息来看，该部分的数据是比较混乱的。例如我们分别考察了 2015 年全年的奉献收入和慈善周的收入，但有的问卷中出现后者数字大于前者的情况，还有个别宗教团体/协会报告说宗教慈善周的收入仅为 20 元。凡此种种，让我们对这一部分数据的有效性与可信度深表遗憾。为此，我们只能挑选其中部分看起来比较可信的数据做一简单分析。

2015 宗教团体协会慈善周收入，129 名宗教团体/协会代表中，有 40 人（31%）填写了该项，最少的 6000 元，最多的 600000 元。问及开展慈善活动的资金来源，该题收集到的信息也比较混乱。75.2%的宗教团体/协会表示"尚未开展过活动"，但同时又有 46.5%的选择"设立民办非企业单位"。这可能是与调查对象本身有关。对于宗教团体/协会他们本身比较少地直接开展慈善公益活动，但也有一些成立了民非，而宗教团体/协会又把民非所做的工作与本团体/协会的工作分开，从而导致了这一数据的"矛盾"。

---

18 引自宿迁市基督教协会代表。
19 引自宿迁市基督教协会代表。

表2-13　宗教团体/协会开展慈善活动的资金来源排序（N=129）

排　序	资金来源	频　数	百分比
1	尚未开展过活动	97	75.2
2	设立民办非企业单位	60	46.5
3	成立基金会	25	19.4
4	响应"宗教慈善周"发起的活动	23	17.8
5	由信徒发起，本团休/协会支持	13	10.1
6	与其他宗教组织合作开展	10	7.8
7	由公益组织发起的合作	5	3.9
8	与同宗教组织合作开展	3	2.3

　　财务审计方面（表2-14），72.9%的宗教团体/协会都"进行了第三方财务审计"，16.9%的宗教团体/协会表示"目前没有，但愿意接受第三方财务审计"，另有10.2%的明确表示"没有接受第二方财务审计"。

表2-14　宗教团体/协会的财务审计情况（N=118）

是否进行第三方财务审计	频　数	百分比
是	86	72.9
目前没有，但愿意接受第三方财务审计	20	16.9
否	12	10.2

5. 宗教团体/协会开展慈善活动中与政府的交往

　　表2-15显示，宗教团体/协会会在开展慈善活动中经常打交道的部门主要分布在宗教局、统战部及民政部门，而与城管部门、税务部门、发改委、财政部门等则较少往来。表2-16显示，一半略多（53.7%）的团体/协会认为打交道的这些政府部门对宗教慈善的态度是"积极支持"，33.1%认为他们"比较支持"。

表2-15　宗教团体/协会开展慈善活动中经常与政府部门打交道排序（N=129）

排　序	政府部门	频　数	百分比
1	宗教局	114	88.4
2	统战部	66	51.2

3	民政部门	47	36.4
4	城管部门	9	7
5	税务部门	8	6.2
6	发改委	6	4.7
7	财政部门	5	3.9
8	其他	2	1.6

表 2-16 宗教团体/协会认为政府对宗教界开展慈善的支持情况（N=121）

观 点	频 数	百分比
积极支持	65	53.7
比较支持	40	33.1
不确定	11	9.1
限制比较多	5	4.1
非常限制	0	0

具体到宗教团体在开展慈善活动中与政府部门交往障碍问题时（表 2-17），除了38.8%的团体/协会明确表示"没有障碍"外，有26.4%的团体/协会表示"缺乏来自政府的项目支持"，19.4%的认为"政府购买服务资金应该向宗教界开放"，还有17.8%到18.6%的宗教团体提到"宣传、表彰方面应该考虑宗教界"，另外还有12.4%的团体/协会认为"缺乏专业技能培训"。

表 2-17 宗教团体/协会开展慈善活动中与政府部门交往障碍排序（N=129）

排 序	交往中的障碍	频 数	百分比
1	没有障碍	50	38.8
2	缺乏项目支持	34	26.4
3	政府购买服务资金应向宗教界开放	25	19.4
4	政府对公益慈善活动进行表彰时考虑宗教界的贡献	24	18.6
5	缺少社会宣传	23	17.8
6	缺乏专业技能培训（如项目管理、活动策划、筹款等）	16	12.4
7	其他	3	2.3

表 2-18　希望政府在推动宗教团体/协会开展慈善活动时的调整排序
（N=129）

排　序	希望政府调整的内容	频　数	百分比
1	加大社会宣传	61	47.3
2	政府对公益慈善活动的先进个人、集体表彰时考虑宗教界的贡献	47	36.4
3	提供项目支持	44	34.1
4	消除地方政府部门在政策执行时的差别待遇	43	33.3
5	政府购买服务资金向宗教界开放	38	29.5
7	提供专业技能培训（如项目管理、活动策划、筹款等）	31	24

　　基于以上挑战，宗教团体/协会希望政府部门改进调整的内容依次为（表 2-18）："加强社会宣传"，"政府对公益慈善活动的先进个人、集体表彰时考虑宗教界的贡献"，"提供项目支持"，"消除地方政府在政策执行时的差别待遇"，"政府购买服务资金向宗教界开放"，"提供专业技能培训"。

　　南京天主教团体代表这样表达他们对政府的期盼："我们希望不管是民政还是民宗，都能定期对宗教界进行人才方面的培训；其次，可以通过政府购买的形式向各个宗教团体输送专业的人才……"[20]

6.《意见》对宗教团体/协会开展慈善活动的影响

　　为了进一步了解《意见》在宗教界的宣传与推广作用，我们考察了宗教团体/协会对《意见》的了解程度。表 2-19 显示，85% 的团体/协会表示知道《意见》，但还有 15% 的团体/协会"不知道"。对于《意见》的出台，通过表 2-20 我们可以发现，超过一半的宗教团体/协会认为《意见》对宗教慈善活动产生很大影响，35.3% 的团体/协会表示"影响一般"，极少数（5.9%）的团体/协会表示几乎没有影响。对于《意见》出台后的影响，宗教团体/协会代表主要围绕慈善意识、慈善活动的组织性等方面讲述了变化。

　　"《意见》未出台前慈善活动可能是随性、短期性的，《意见》后成立了'慈善组织'、'慈善工作会'，这些都在民政局登记了。"[21]

　　"出台后影响很积极，意义重大。在参加省两次培训时交流时，大家都认为这太重要了，此外成立了江苏慈善微信群，一起积极做慈善。出台后大

---

20 引自南京市天主教团体代表。
21 引自苏州市佛教协会代表。

家的慈善活动更加积极主动而且更规范了。由原来的被动到主动，在零散、松散程度上方面也有所提高。"[22]

此外，还有宗教团体/协会代表对《意见》提出了进一步的建议，希望出台更具操作细节的规范："要出台一个明确的法案，什么东西我可以做，什么东西我不可以做，长期的发展规划、应尽的义务、所负的权责要有明确界定。"[23]

表 2-19　宗教团体/协会对《意见》的了解程度（N=40）

您知道 2012 年国家通过《意见》吗	频　数	百分比
知道	34	85
不知道	6	15

表 2-20　宗教团体/协会认为《意见》的影响（N=34）

您认为《意见》对宗教慈善活动有影响吗	频　数	百分比
影响很大	20	58.8
影响一般	12	35.3
几乎没有影响	2	5.9

（三）宗教场所开展慈善公益事业的基本状况

从调研来看，宗教慈善主要依托场所进行。在这部分，我们分别从五个方面予以考察：宗教场所对宗教开展慈善活动的认知，宗教场所开展慈善活动基本情况，宗教场所的慈善资金基本情况，宗教场所开展慈善活动中的政府服务以及《意见》对宗教团体/协会开展慈善活动的影响。

1. 研究对象基本情况

表 3-1 显示，134 名宗教场所代表中，男性 91 人，占 67.9%；女性 43 人，占 32.1%。年龄方面，30 岁以下有 8 人，占 6%；31-40 岁有 27 人，占 20.3%；41-50 岁有 49 人，占 36.8%；51-60 岁有 32 人，占 24.1%；61 岁及以上有 17 人，占 12.8%。民族方面，88.8%的人为汉族，4.5%为回族，还有 6.7%的其他少数民族。

---

22 引自苏州市佛教协会代表。
23 引自泰州市佛教协会代表。

表 3-1　宗教场所工作人员基本特征

	样本特征	频　数	百分比
性别 （N=134）	男	91	67.9
	女	43	32.1
年龄 （N=133）	30 岁及以下	8	6
	31-40 岁	27	20.3
	41-50 岁	49	36.8
	51-60 岁	32	24.1
	61 岁及以上	17	12.8
民族 （N=134）	汉族	119	88.8
	回族	6	4.5
	其他	9	6.7
国民教育程度 （N=133）	小学及以下	4	3
	初中	17	12.8
	高中或中专	39	29.3
	大专	38	28.6
	本科	23	17.3
	硕士及以上	12	9
宗教教育 （N=131）	是	101	77.1
	否	30	22.9

教育程度方面，受访的 133 人，有 60 人（45.1%）为高中及以下文化水平；38 人（28.6%）为大专文化，35 人（26.3%）为本科及以上。除了国民教育以外，77.1%的人表示接受过正规的宗教教育。

表 3-2　宗教场所基本情况

	类　别	频　数	百分比
宗教类型（N=135）	佛教	59	43.7
	道教	9	6.7
	伊斯兰教	8	5.9
	天主教	4	3.0
	基督教	55	40.7

场所所在地域范围（N=134）	城市的市区	62	46.3
	城市的郊区	25	18.7
	集镇	28	20.9
	乡村	19	14.2
是否完成法人注册登记（N=123）	是	104	84.6
	否	14	11.4
有无对公账户（N=129）	有	118	91.5
	无	11	8.5

宗教来源方面（表 3-2），135 家宗教场所中，43.7%为佛教，40.7%为基督教，6.7%为道教，5.9%为伊斯兰教，3%为天主教。近一半的宗教场所分布在城市市区，18.7%的分布在城市郊区，此外还有 35.1%的位于集镇乡村。在这些宗教场所中，84.6%的完成了法人注册登记，91.5%的有对公账户。

2. 宗教场所对宗教开展慈善活动的认知

表 3-3　宗教团体对宗教界从事公益慈善活动的认知（N=103）

观　点	频　数	百分比
公益慈善是宗教的本质属性和主要社会功能，应积极参与	99	96.1
与宗教界和宗教界人士没有必然关系，但可以参与	3	2.9
与宗教界和宗教界人士没有必然关系，参加是为了响应号召	0	0
不应该从事这样的活动	0	0
不确定	1	1

宗教场所本身如何看待宗教界开展公益慈善活动呢？数据（表 3-3）显示：96.1%认为"公益慈善是宗教的本质属性和主要功能，应积极参与"，2.9%认为"慈善与宗教无必然关系，但可以参加"。可见，几乎所有的宗教场所都愿意参与慈善公益活动，其中大部分宗教场所持积极的态度。

基督教方面，有牧师这样表达他们的体会："基督教享受着党和政府扶持，我们应该服务社会，怀着感恩的心。如果我们宗教慈善做的有声有色，做出一定的成效，为社会做出贡献，这样既可以消弭社会对基督教的反感和误解，使人们改观，又可以为政府及社会排忧解难。政府就像大船，船上每一个人都在尽力，宗教界参与公益慈善不能好高骛远，比如养老医疗，要量力而行，将内在渴望和优良传统化为实际行动。政府重视程度及社会认同度都在显著改善提升。"[24]

表 3-4 宗教场所对宗教界从事公益慈善活动形式的认知排序(N=135)

排 序	业务内容	频 数	百分比
1	直接从事公益慈善活动	87	64.4
2	通过成立基金会或其他形式的社会服务机构专业运作	73	54.1
3	与社会上专业的社会服务机构合作	42	31.1
4	把资金交予宗教主管部门，由其统一处理	32	23.7
5	把资金交给上级协会或团体，由其运作公益慈善活动	28	20.7
6	宗教背景相对敏感，应为社会专业机构提供资金支持，不必直面社会	10	7.4

问及宗教场所开展慈善活动的形式，表 3-4 显示，宗教场所乐于接受的方式依次是"直接从事慈善活动"、"成立基金会或服务机构"、"与其他社会服务机构合作"、"把资金交给宗教主管部门"、"把资金交给上级协会或团体"、"为其他专业机构提供资金而宗教场所不直接从事慈善"。其中，超过 6 成的宗教场所代表认为"宗教界应该直接从事公益慈善活动"，5 成多的人同时选择了"通过成立基金会或其他形式的社会服务机构专业运作"。调研中发现越来越多的宗教场所成立了自己的慈善中心，如昆山市华藏寺的"华藏寺慈善中心"。可见，在慈善形式这个问题上，较之宗教团体/协会，宗教场所的态度更为明确，更希望自己直接从事慈善公益活动。

对于宗教界开展慈善活动的优势，宗教场所的态度按照选中频数从高到低的排序依次为（表 3-5）："有信仰支持服务上更有优势"、"较高的社会公信度"、"筹集善款更容易得到支持"、"悠久的历史传统"与"义工动员能力强"。可见大部分宗教场所都看到了宗教与慈善的内在渊源。而对于宗教界开展慈善的劣势（表 3-6），4 成及以上的宗教场所代表认为最大的劣势是"媒体报道少"与"个别宗教人士不当行为带来的负面社会效应"，还有 2 成及以上的人提出"法律所禁止的传教类型未细化，不利于宗教界开展公益慈善活动"、"个别宗教界人士的负面影响被社会认知扩大化"和"教内对从事公益慈善活动的意见不统一"。

---

24 引自盐城市基督教场所代表。

表3-5　宗教场所对宗教界开展慈善活动的优势判断排序（N=135）

排　序	优　势	频　数	百分比
1	有信仰支持，在服务上更有优势	81	60
2	较高的社会公信度	61	45.2
3	募集善款更容易得到支持	60	44.4
4	悠久的历史传统	60	44.4
5	义工动员能力强	56	41.5

表3-6　宗教场所对宗教界开展慈善活动的劣势判断排序（N=135）

排　序	劣　势	频　数	百分比
1	宗教界人士开展的慈善活动，媒体报道少，不利于社会传播	60	44.4
2	社会上假借宗教人士身份进行诈骗活动对宗教界产生不利影响	54	40
3	法律所禁止的传教类型未细化，不利于宗教界开展公益慈善活动	38	28.1
4	个别宗教界人士的负面影响被社会认知扩大化	27	20
5	教内对从事公益慈善活动的意见不统一	27	20
6	其他	18	13.3

3. 宗教场所开展慈善活动基本情况

对于宗教场所已经开展的慈善活动，我们主要分设立机构或项目、关注领域、发起方式、面向区域、受益对象、遭遇困难等方面予以考察。

表 3-7 显示，被调查的宗教场所在开展慈善活动的组织化方面还不是很高。其中，只有32.6%的场所成立了慈善基金，20%的场所有自己的养老院，19.3%的场所有心理辅导室，8.9%的有自己的医院或诊所；还有个别宗教场所有自己的孤儿院或托儿所。

表3-7　宗教场所已设立机构或项目的排序（N=135）

排　序	已设立的机构或项目	频　数	百分比
1	慈善基金	44	32.6
2	养老院	27	20

3	心理辅导室	26	19.3
4	医院或诊所	12	8.9
5	托儿所	6	4.4
6	孤儿院	3	2.2

活动领域方面，从表 3-8 我们可以看出，"很关注"与"极关注"的领域依次为扶贫济困、养老服务、儿童福利、环境保护、医疗卫生与文化艺术。如以道教盛名的茅山道场主要开展助学与扶贫的活动：

"我们联合海内外茅山弟子和一些财力比较雄厚的企业，专门做扶贫助学。从 2000 年开始，一直到目前，我们共捐助 16 所小学，每所小学资助的贫困学生是 38 名，投入资金大概是每年五六十万元。我们还和句容红十字会联合，共同设立了三百万的慈善基金，每年都做。我们茅山道院每年也会拿出收入的一部分，用于扶贫、助学，还有一些地方建设，额度大约是 20 万元。此外，我们还响应江苏省道教协会的倡议，每年在十三个大市当中找出一个特别贫困的家庭或者组织，每年都会捐赠几十万元。"[25]

表 3-8 宗教场所开展慈善活动的关注领域%（n）

	环境保护 （N=110）	医疗卫生 （N=112）	文化艺术 （N=103）	养老服务 （N=116）	扶贫助困 （N=124）	儿童福利 （N=106）
不关注	7.3（8）	8.9（10）	14.6（15）	1.7（2）	0	8.5（9）
关注	56.4（62）	56.2（63）	45.6（47）	50（58）	45.2（56）	49.1（52）
很关注	18.2（20）	18.8（21）	19.4（20）	24.1（28）	25.8（32）	23.6（25）
极关注	12.7（14）	10.7（12）	11.7（12）	20.7（24）	29（36）	12.4（13）
不确定	5.5（6）	5.4（6）	8.7（9）	3.4（4）	0	6.6（7）

也有佛教场所代表归纳了目前宗教界开展慈善的主要领域以及他个人的思考："有些慈善项目适合宗教，有些适合社会来做；目前宗教慈善工作涉及到助学、文化、临终关怀、环保、抗震救灾、大病救助等等。但从目前看来，有些项目是我们的专长，因此要特别发展。比如在临终关怀这一块，社会上任何一个团体都不能承担宗教的角色。在文化建设方面开办禅修班，这也是社会上所没有的，对建设和谐社会也有帮助。但在助学上，我们做的也

---

25 引自句容市道教场所代表。

很多，但个人认为涉及到教育的问题应该由政府、由社会去做。在养老上，即使国家鼓励，但在硬件设施方面申报仍有困难。"[26]

表 3-9　宗教场所开展慈善活动的发起方式排序（N=135）

排　序	发起方式	频　　数	百分比
1	响应"宗教慈善周"发起的活动	103	76.3
2	由信徒发起，本协会/团体支持	72	53.3
3	与同宗教组织合作开展	56	41.5
4	由公益组织发起的合作	38	28.1
5	与其他宗教组织合作开展	16	11.9
6	成立基金会	14	10.4
7	设立民办非企业单位	7	5.2
8	尚未开展任何活动	5	3.7

　　宗教团体发起慈善活动的方式方面，表 3-9 显示，"响应'慈善周'的号召"、"由信徒发起"、"与同宗教组织开展活动"成为宗教场所开展慈善活动的主要形式，而"与公益组织展开的合作"、"与其他宗教组织开展合作"、"成立基金会"、"设立民非"等是宗教场所较少采用的方式。

　　对于慈善周的呼吁，不同地区的宗教场所表达了不同的看法，如前所述，部分地区表示压力较大，但对于苏南经济条件相对较好的宗教场所影响不大。

　　"慈善周原来是认购，今年慈善周就是自己筹款自己用，但是数字上还是要报的。"[27]

表 3-10　宗教场所开展慈善活动面向的对象（N=124）

服务对象	频　　数	百分比
只为宗教信仰服务	5	4
宗教信徒为主，也服务于普通民众	29	23.4
面向全社会	90	72.6

---

26 引自南京市佛教场所代表。
27 引自昆山市基督教场所代表。

表 3-11　宗教场所开展慈善活动面向的区域分布（N=123）

服务区域	频　数	百分比
无地域限制，世界范围内	25	20.3
中国大陆	41	33.3
本省/自治区/直辖市	22	17.9
本市/县/区	23	18.7
仅限于本团体/协会	12	9.8

受"慈善周"的影响，慈善的服务对象方面（表3-10），宗教场所开展的慈善公益活动既面向全社会又有以宗教信徒为主，活动区域方面（表3-11），大部分慈善活动兼顾到本县/区、本市及中国大陆，只有极个别慈善活动仅面向宗教内部信徒或限于团体/协会本身。

除了考察宗教场所已经开展的慈善活动范围外，我们还询问了若条件允许，宗教场所希望开展的慈善活动。数据显示（表3-12），宗教场所的"希望"与实际已经开展的活动既有一致也有相异的地方。宗教场所仍然希望在老人服务、医疗卫生等方面多有作为，而对设立慈善基金、助残等慈善形式兴趣一般。

表 3-12　若条件许可，宗教场所希望开展的慈善活动排序（N=135）

排　序	希望开展的慈善活动	频　数	百分比
1	开办老人院	74	54.8
2	开办医院/诊所	48	35.6
3	开办托儿所	44	32.6
4	开办助学活动（贫困学子）	42	31.1
5	开办孤儿院	31	23
6	设立慈善基金	26	19.3
7	开办助困活动（困难家庭）	20	14.8
8	不打算开展	7	5.2
9	其他	3	2.2
10	开展助残活动	2	1.5

谈及慈善行为中面临的困难，遭遇最多的前五项（表 3-13）为"缺少资金"、"缺少专职人员"、"缺少专业服务技能"、"缺少政策支持"及

"场建任务重无暇顾及其他"。其中，前四项与宗教团体/协会的判断完全一致。

有宗教场所代表这样描述他们的困难："我们也想积极、主动地去做慈善，但是目前我们还是没有这样的实力。因为现在大多的宗教场所基本上还忙于自养问题的解决，同时还需要进行建筑的维修，所以支出还是很多的。我们只能做一点力所能及的事情。"[28]

表3-13　宗教场所开展慈善活动面临的困难排序（N=135）

排　序	困　　难	频　　数	百分比
1	缺少资金	74	54.8
2	缺少专职人员	48	35.6
3	缺少专业服务技能	44	32.6
4	缺少政策支持	42	31.1
5	场所基建任务重，无暇顾及其他	31	23
6	缺少义工	26	19.3
7	不具备独立法人资格，场所不能登记注册服务机构	20	14.8
8	无计划开展	7	5.2
9	以上均没有	3	2.2
10	其他	2	1.5

此外，越来越多的宗教场所感到慈善公益活动的开展离不开专业人才与专业技能。据如皋市寺院代表介绍，他们做慈善无任何专业基础，纯粹在实践中摸索。"从实践中摸索出来的，例如我喜欢接触孩子，通过跟一个孩子的接触积累一些方法，再跟另一个孩子接触时改善这个相处方法。没有机会出去培训，都是自己做一点，每年总结经验，每年改善。"[29]

"都是自己摸索的，我们都是业余的，前面的人怎么做，我们就怎么做，都是按照这个套路下来的，没有搞活动的系统的知识，没有接受过专业的培训。上一次宗教局搞的培训，感觉受益很大，想向爱德讨教经验。"[30]

---

28 引自句容市道教场所代表。
29 引自如皋市佛教场所代表。
30 引自泰兴市佛教慈善组织代表。

对于这种困境，个别宗教场所一方面希望让更多的基层人员参与培训，另一方面通过聘请有专业资质并已退休有闲暇的信徒的方法来弥补。

"寺庙年年做慈善但没有什么进展，想进一步做大做强，做规范，改变以前松散式管理不规范的模式，将管理、服务与社会发展同步。目前基金会的会计师是做义工的退休银行行长，这样比较专业。"[31]

"因为我们注册的是民非，所以说我们还有个监事会，监事会有我们的法律顾问，有我们的媒体，这样我们就比较规范了，不懂的地方可以随时请示，还可以进行一个报道，公开透明。现在好事也很难做，我们每做一件好事就尽可能去做好。"[32]

4. 宗教场所的慈善资金基本情况

围绕宗教场所 2015 年慈善周收入方面，135 家机构中 52 家填写了相关数据，收入最高为 20 万元，收入最低为 1000 元。

表 3-14　宗教场所开展慈善活动的资金来源排序 (N-135)

排　序	资金来源	频　数	百分比
1	本场所向信众募集	114	84.4
2	本场所的收入中支出	87	64.4
3	本场所向社会募集	18	13.3
4	企业捐款	16	11.9
5	财政拨款	3	2.2
6	合作机构提供资金	2	1.5
7	其他	2	1.5
8	政府的购买服务资金	0	0

问及慈善活动的资金来源（表 3-14），宗教场所有较为明晰的答案。84.4%的宗教场所"向信众募集"，64.4%"从本场所的收入中支出"，即"向信众募款"和"总收入中支出"是宗教场所采取的主要的筹集慈善资金的形式。此外，有一小部分宗教场所会"向社会或企业募集"，极个别的宗教场所还可以"从财政拨款"或"从合作机构那里获得资金支持"。需要注意的是，在被调查的宗教场所中，没有一家获得政府的购买服务资金。

---

31 引自常州市佛教场所代表。
32 引自昆山市佛教场所代表。

调研中我们亦发现，有部分佛教慈善组织开始尝试借助互联网平台筹集善款，微信群及订阅号成为主要的媒介。

"我们寺的信众是遍布全中国的，就像我自己的这个微信圈子里都有5000多人，所以我们如果有个什么活动出来了，很快就有人呼应。"[33]

"我希望把我们寺做成网络化的寺庙，做一个智慧寺庙。从网络上去做更加透明清晰化。"[34]

同时，对网络筹款的监管困难以及网络筹款可能产生的负面影响也引起了大家的关注。

"现在有很多企业打着场所的名义，以慈善的名义募捐，实际都是企业在操作，如网络礼佛，要交钱但是实际上是公司的行为，这方面需要进一步的规范"[35]

财务审计方面，表3-15显示，超过6成（63.5%）的宗教场所"进行第三方财务审计"，19%的宗教场所表示"目前没有，但愿意接受第三方财务审计"，还有17.5%的宗教场所明确表示"没有进行第三方财务审计"。

表3-15 宗教场所的财务审计情况（N=126）

是否进行第三方财务审计	频　数	百分比
是	80	63.5
目前没有，但愿意接受第三方财务审计	24	19
否	22	17.5

5. 宗教场所开展慈善活动中的政府服务

表3-16显示，宗教场所在开展慈善活动中经常打交道的部门主要分布在宗教局、本宗教团体/协会、民政部门与统战部，而与税务部门、财政部门、城管部门、发改委等则较少交往。表3-17显示，将近7成（69.9%）的宗教场所认为打交道的这些政府部门对宗教慈善的态度是"积极支持"，16.5%认为他们"比较支持"宗教慈善，还有8.3%的宗教场所表示"不确定"，另有5.3%的宗教场所明确表示政府部门"限制比较多"。

---

33 引自东台市佛教场所代表。
34 引自徐州市佛教场所代表。
35 引自无锡市佛教场所代表。

表3-16 宗教场所开展慈善活动中经常与政府部门打交道排序（N=135）

排 序	政府部门	频 数	百分比
1	宗教局	105	77.8
2	本宗教协会/团体	98	72.6
3	民政部门	51	37.7
4	统战部	43	31.9
5	税务部门	13	9.6
6	财政部门	7	5.2
7	城管部门	4	3
8	发改委	3	2.2
9	其他	3	2.2

表3-17 宗教场所认为政府对宗教界开展慈善的支持情况（N=133）

观 点	频 数	百分比
积极支持	93	69.9
比较支持	22	16.5
不确定	11	8.3
限制比较多	7	5.3
非常限制	0	0

　　座谈会中，宗教场所的代表们普遍反映登记注册难的问题："登记注册难，导致注册难的原因主要是慈善服务机构不规范，达不到注册条件，比如在消防、房产证等方面。"[36] "我们去年成立了慈善基金会，但以宗教为背景的基金会难以成立，只能用几个发起人的名义注册登记，由鸡鸣寺负责管理，但其实法律上、名义上都不属于鸡鸣寺。同时，基金会想成立养老社区，但由于土地问题，仅有使用权而没有所有权，土地不能流转，地方政府没立项，无法解决土地问题，这个事目前处于停滞状态。"[37]

　　针对以上障碍（表3-18），宗教场所希望加大社会宣传，政府提供更多的项目支持，提供专业技能培训、向宗教界开放公共服务的购买、消除地方政府部门在政策执行时的差别待遇、承认宗教界开展慈善的贡献。

---

36 引自南京市佛教场所代表。
37 引自南京市佛教场所代表。

表 3-18　希望政府在推动宗教场所开展慈善活动时的调整排序（N=135）

排　序	希望政府调整的内容	频　数	百分比
1	社会宣传	66	48.9
2	项目支持	50	37
3	专业技能培训（如项目管理、活动策划、筹款等）	47	34.8
4	政府购买服务资金向宗教界开放	39	28.9
5	消除地方政府部门在政策执行时的差别待遇	29	21.5
7	政府对公益慈善活动的先进个人、集体表彰时，应考虑到宗教界的贡献	26	19.3

围绕社会宣传方面，各大宗教，特别是基督教遭遇更为严重的"失声"状况，而这种局面从长远上看势必影响到宗教界从事慈善公益事业的积极性。

"我们做了那么多，可只有我们宗教主管部门知道的多一些，我们更渴望得到社会各界的认同。就我所在的教堂，人数不多，只有上百人，面临建堂的压力，但是每年我们仍然会拿出两万多块钱去帮助别人，但媒体却从不给我们宣传。"[38]

6.《意见》对宗教场所开展慈善活动的影响

为了进一步了解《意见》在宗教界的宣传与推广作用，我们考察了宗教场所对《意见》的了解程度。表 3-19 显示，85.7%的场所表示知道《意见》，但还有 14.3%的场所不知道《意见》。这两个数据与宗教团体/协会对《意见》的了解程度基本一致。

表 3-19　宗教场所对《意见》的了解程度（N=49）

您知道 2012 年国家通过《意见》吗	频　数	百分比
知道	42	85.7
不知道	7	14.3

那些对《意见》有所了解的宗教场所代表也表达了他们对《意见》后续工作的期待：

"下设《宗教慈善条例》，做到有例可循。"[39]

---

38 引自盐城市基督教场所代表。
39 引自南京市基督教场所代表。

"希望国家宗教局在出台政策的时候要有细则，特别是针对个别场所成立的功德会，希望能够出台具体措施，从微观层面严格规范其行为。"[40]

由此可见，宗教场所希望政府相关部门可以出台更为细致的操作规则，给予宗教场所开展慈善公益事业更为明晰的指导。

五、研究结论

（一）主要发现

总体来看，《意见》的颁发使宗教慈善获得了政策上的明确支持，"宗教慈善周"的推行掀起了宗教慈善的热潮。各大宗教分别在各自领域做了较为显著的尝试并获得了一定的成效。具体表现在：

慈善理念深入人心。政府相关部门与宗教界基本达成共识，认识到宗教从事公益慈善事业的重要性与优势所在。继《意见》的出台与"宗教慈善周"的推行，宗教界对参与公益慈善活动的积极性有了更为明显的提高，甚至有的宗教场所将慈善活动纳入考核指标，从思想认识上提高信众的社会服务意识。

慈善活动日趋丰富。从慈善活动的开展形式来看，虽然绝大多数仍有零散、应急的特点，但个别宗教团体/协会或场所开始形成专业的公益项目理念并有所作为，组织化程度提高；从慈善活动的内容来看，扶贫济困、医疗服务、助学助残仍然是常见的社会服务形式，但宗教界也开始结合自身优势，加大对精神关怀、心理慰藉、文化推广等方面的关注；从慈善活动的主体来看，绝大多数慈善行为仍然依托于宗教场所直接开展，但也有个别宗教团体/协会或场所成立了基金会或慈善办公室，独立运作或是借助第三方公益机构开展合作。

资金筹措多元化。宗教界筹集慈善公益资金的主要方式仍然依托于向信徒募集，但募集的方式呈现多元化的趋势，如一些佛教基金会采用会员制的形式，定期向捐款信徒公布资金使用情况。此外，随着互联网的应用，智能手机的普及，借助微信公众号等平台实施的微公益也在日渐盛行，网络宣传与网络募捐活动为宗教慈善的规模化、扩大化发展提供了可能，其所倡导的重在参与，自我管理的理念有效整合了更多资源，但相关监管有所欠缺。

---

40 引自苏州市道教场所代表。

现代慈善平台的整合。通过调研我们发现，江苏省宗教慈善的发展一方面得益于各地宗教协会/团体、场所及广大宗教信徒的努力，同时也离不开省级宗教部门的鼓励与引导。"慈善周"的开展与调整，地方宗教慈善意见的出台等都显示出省级宗教事务部门助推宗教慈善事业的理念与作为。特别是2015 年 11 月江苏省统战部、宗教局与爱德基金会联合成立的江苏省宗教公益培训基地，为江苏宗教慈善的现代化提供了更高视野的平台。

（二）问题与困境

虽然宗教界开展公益慈善事业取得了不小的进步，但本次调研中我们也注意到宗教慈善面临的发展瓶颈，归纳如下：

整体发展不平衡。"不平衡"体现在两个方面，区域间的不平衡与宗教间的不平衡。区域间的不平衡是指从江苏省全省范围来看，苏南地区宗教慈善普遍开展的较好，而苏北地区相对滞后。宗教间的不平衡是指各大宗教在开展公益慈善事业的发展阶段呈现不同的状况。总体来看，佛教与基督教有一定的实力开展活动，其它三教略显不足。出现这种不平衡状况的根本原因在于各宗教团体/协会、宗教场所自身的自养能力以及信徒的经济基础上的差异。对于那些自养能力较强的宗教团体/协会或场所，他们已经完成了基本的硬件建设，有自己的房产出租等收入，除正常开支外，经费有所结余，信徒经济基础较好，可以有经济实力、有人力、有精力围绕慈善公益开展活动；而对于那些自养能力教弱，发展阶段还处于属于"温饱"或"贫困"型宗教团体/协会以及场所，他们开展的慈善公益活动则多为被动性的响应。

专业性不足。宗教的慈善理念和宗教界人士独有的魅力能获得社会大众特别是信徒的信任，但实践经验表明，专业的运作和公开透明，更能保证公益慈善事业的公信力。通过调研我们发现，受制于人才不足，人才素质不高，理念落后，宗教界难以有效地开展项目策划、资金筹措和项目运作等工作，客观上造成了宗教慈善在筹款以及社会服务方面的非专业性，影响了宗教界慈善资源的筹措能力、服务能力与治理能力的发挥。其中最为明显的不足体现在慈善资金的监管、公开与透明性上。

具体操作缺乏明细指导。《意见》的出台让各大宗教从事慈善公益事业获得了更好的政策支持，但大家普遍反映在具体操作层面，包括慈善组织的注册、登记，捐赠票据的开具，慈善领域的接入等方面遭遇挑战。如受《意见》的指导，各大宗教，特别是佛教、基督教在依托机构为平台的老人服务方面做了不少尝试，但大家普遍面临土地划拨、消防规范、床位补贴等问题，能否结合宗教本身历史的客观的限制条件，考虑对宗教界从事相关慈善公益事业予以特殊政策成为宗教界开展社会服务的普遍期冀。

媒体宣传中的"失声"。受教义的影响，宗教团体/协会及场所在开展慈善公益活动中较为低调，很少进行相关媒体宣传。但也有越来越多的人认识到适当的宣传可以让更多的人了解宗教慈善并加入慈善队伍中。现实状况是，慈善活动可以得到一定的报道，但"宗教团体"这样的行动主体却被隐匿起来。出现这一问题最根本的原因还是在于政府、媒体、大众对宗教的认识问题，从长远来看，这种认识态度可能影响到宗教界开展慈善公益活动的积极性。

六、意见与建议

基于以上对宗教从事慈善公益事业的现状与问题分析，我们着重从宗教界与政府两方面提出建议：

宗教界可以从探索组织定位，提升专业能力和淡化宗教身份，突出社会功能两个方面予以努力。具体的：

探索组织定位，提升专业能力。虽然《意见》围绕宗教界开展慈善公益活动领域做了较为清晰的界定，但宗教界在具体开展慈善活动中需要进一步明确自身的组织定位。一方面，在传统的扶贫、助医、助教等领域，慈善服务需要精耕细作，为社会提供更高质量的服务产品，另一方面，大胆创新，结合宗教本身的优势，开创区别于一般社会组织的慈善服务。此外，越来越多的宗教组织认识到慈善活动中的专业能力的重要性。这里的专业能力包括先进的慈善理念、专业的人才队伍、规范的资金管理制度等。宗教界开展慈善活动不仅应该达到与社会上一般社会组织同等的服务质量，更需要打造有自身特色的组织品牌，这样方能彰显宗教慈善组织的服务价值，更有效地回应社会需求。

淡化宗教身份，突出社会功能。虽然"信仰"是宗教组织或信徒的重要属性，但宗教界在组织与参与慈善公益活动中一定要清晰把握好"慈善"与"信仰"的边界，避免在慈善行为中带有明显的宗教语言与行动乃至传教目的，将活动重点放在与服务接受者的沟通与交流，对需求者的情感慰藉，"不带传教念头"的公益活动才更具有可持续性，其生命力更加旺盛。而要实现这一目标，培育与发展专门的公益慈善组织是主要的努力方向，其可以较为有效地解决宗教界从事慈善活动的宗教属性与社会属性的矛盾问题。

政府对宗教界开展慈善公益事业可以以"宽严相济"的思路进行完善：

一方面，政府通过各种措施鼓励与引导宗教组织发展慈善事业。如加强服务意识，较少直接干预宗教团体从事公益慈善活动，将宗教团体的慈善管理纳入社会管理体系，与宗教界构成伙伴关系，给宗教团体开展慈善活动以较大的自主性与空间；加强政府不同部门间的联动与协作，特别是增强民政系统、财税系统对宗教从事慈善公益活动的认识，多政府部门共同为宗教慈善事业提供服务；通过出资购买服务的方式促进宗教公益慈善事业发展，特别是结合宗教自身的特点，围绕心灵慰藉、临终关怀等项目对宗教界开放服务购买的机会，发挥宗教优势，同时节省政府治理成本；进一步搭建"宗教公益慈善"平台，通过培训、培育等方式营造宗教界参与社会服务的良好氛围并创造基本条件，目前由江苏省民族宗教事务局与爱德基金会联合创办的"江苏省宗教公益培训基地"是一个值得推广的品牌服务。

另一方面，政府也需要制定严格的慈善服务内容边界、财务监管和评估体系，防止贪污、欺诈、谋利、滥用等不妥行为。如细化宗教慈善相关细则，对宗教慈善的范畴、宗教组织在慈善行为中的权利、义务，相关减税政策等做细致规范，让宗教界开展慈善活动更加有法可依；加强财务监管，根据宗教慈善组织每年进行的第三方财务审计情况维持或取消其进行慈善活动的资质。

后　记

　　本书主体是在我的博士论文基础上修订而成。读书二十余载，一直混混沌沌的我直到近几年，先后经历了工作、病难、结婚、生子，才突然"清醒"起来，尝试观察身边的人，倾听内心的想法。很多次，望着父母操劳的背影，听看女儿的欢声笑语，回忆着众多师长同学对我的支持，我有很多话想说，却羞于表达。今天借这个小小的地方，表达我的感谢之情。

　　感谢我的导师李向平教授。当年我仅因个人兴趣投奔李老师门下，老师不因学生愚钝而拒之门外，每次与老师交流都让我倍感珍惜，他的精炼、到位的指点总能让我有茅塞顿开之感。跟随李老师也让我充分领略了一位学人对知识探寻的渴求、热情及努力。

　　还要感谢带我走进社会学领域的启蒙老师，我的硕士导师——华中科技大学社会学系的张小山老师。犹记得2003年的那个暑假，张老师深入浅出的理论讲解让我对社会学突生兴趣，从此揭开了系统学习社会学的序幕。不仅如此，在此后的考研、工作乃至病难的每一次人生重大抉择面前，张老师都如兄长、朋友般地帮扶着我。张老师曾说，我是与他比较投缘的学生，我将这句评价视为最高的褒奖。人生有师如此，何幸之有！

　　论文的顺利完成，还离不开许多同学朋友的帮助。在漫长的写作及修改期间，总有一群远方的同学默默关心、鼓励着我，一条短信，一个电话，乃至一个笑脸都让我内心充满温暖。还有我曾经工作的机构——爱德基金会，正是那里的领导与同事帮我敲开了田野调查的第一道门，至今，那个曾经奋斗过的地方仍然为我所怀念。而我的田野点——K市基督教会的牧师、众多弟兄姊妹的热情与真诚，让我更加深入地了解了基督教以及基督信徒，祝福他们！

  特别的，我要感谢伴我的家人。父母的养育之恩不是一个感谢词汇所能表达，养儿更知父母恩，希望父母在今后的岁月里一切安好。我的丈夫，束俊松，从我们于四川汶川地震灾后重建中相识、相知，到组建今天的小家庭，回想两人走过的这一路，我觉得自己非常的幸运。而小女——家影，我温暖的小棉袄，她的一颦一笑已成为我生活的最大动力和快乐之源。能有这样的一家人，感恩！

  最后，我想将这部拙作献给我的外婆，一位慈祥可亲，即使已离开人世十四余年却仍时常出现在我脑海中的老人。

刘影 写于 2014 年立春

修于 2020 年夏末

《基督教文化研究丛书》

主编：何光沪、高师宁

（1-8 编书目）

初　编

（2015 年 3 月出版）

ISBN：978-986-404-209-8　　　　　定价（台币）$28,000 元

册　次	作　者	书　名	学科别（／表示跨学科）
第 1 册	刘　平	灵殇：基督教与中国现代性危机	社会学／神学
第 2 册	刘　平	道在瓦器：裸露的公共广场上的呼告——书评自选集	综合
第 3 册	吕绍勋	查尔斯·泰勒与世俗化理论	历史／宗教学
第 4 册	陈　果	黑格尔"辩证法"的真正起点和秘密——青年时期黑格尔哲学思想的发展（1785 年至 1800 年）	哲学
第 5 册	冷　欣	启示与历史——潘能伯格系统神学的哲理根基	哲学／神学
第 6 册	徐　凯	信仰下的生活与认知——伊洛地区农村基督教信徒的文化社会心理研究（上）	社会学
第 7 册	徐　凯	信仰下的生活与认知——伊洛地区农村基督教信徒的文化社会心理研究（下）	
第 8 册	孙晨荟	谷中百合——傈僳族与大花苗基督教音乐文化研究（上）	基督教音乐
第 9 册	孙晨荟	谷中百合——傈僳族与大花苗基督教音乐文化研究（下）	

册次	作者	书名	学科别
第 10 册	王 媛	附魔、驱魔与皈信——乡村天主教与民间信仰关系研究	社会学
	蔡圣晗	神谕的再造，一个城市天主教群体中的个体信仰和实践	社会学
	孙晓舒 王修晓	基督徒的内群分化：分类主客体的互动	社会学
第 11 册	秦和平	20 世纪 50－90 年代川滇黔民族地区基督教调适与发展研究（上）	历史
第 12 册	秦和平	20 世纪 50－90 年代川滇黔民族地区基督教调适与发展研究（下）	
第 13 册	侯朝阳	论陀思妥耶夫斯基小说的罪与救赎思想	基督教文学
第 14 册	余 亮	《传道书》的时间观研究	圣经研究
第 15 册	汪正飞	圣约传统与美国宪政的宗教起源	历史／法学

二 编　　（2016 年 3 月出版）

ISBN：978-986-404-521-1　　　　定价（台币）$20,000 元

册　次	作　者	书　名	学科别（／表示跨学科）
第 1 册	方 耀	灵魂与自然——汤玛斯·阿奎那自然法思想新探	神学／法学
第 2 册	劉光顺	趋向至善——汤玛斯·阿奎那的伦理思想初探	神学／伦理学
第 3 册	潘明德	索洛维约夫宗教哲学思想研究	宗教哲学
第 4 册	孙 毅	转向：走在成圣的路上——加尔文《基督教要义》解读	神学
第 5 册	柏斯丁	追随论证：有神信念的知识辩护	宗教哲学
第 6 册	李向平	宗教交往与公共秩序——中国当代耶佛交往关系的社会学研究	社会学
第 7 册	張文舉	基督教文化论略	综合
第 8 册	赵文娟	侯活士品格伦理与赵紫宸人格伦理的批判性比较	神学伦理学
第 9 册	孙晨薈	雪域圣咏——滇藏川交界地区天主教仪式与音乐研究（增订版）（上）	基督教音乐
第 10 册	孙晨薈	雪域圣咏——滇藏川交界地区天主教仪式与音乐研究（增订版）（下）	
第 11 册	張 欣	天地之间一出戏——20 世纪英国天主教小说	基督教文学

三 编 （2017 年 9 月出版）

ISBN：978-986-485-132-4　　　　　　　　定价（台币）$11,000 元

册 次	作 者	书 名	学科别（／表示跨学科）
第 1 册	赵 琦	回归本真的交往方式——托马斯·阿奎那论友谊	神学／哲学
第 2 册	周兰兰	论维护人性尊严——教宗若望保禄二世的神学人类学研究	神学人类学
第 3 册	熊径知	黑格尔神学思想研究	神学／哲学
第 4 册	邢 梅	《圣经》官话和合本句法研究	圣经研究
第 5 册	肖 超	早期基督教史学探析（西元 1~4 世纪初期）	史学史
第 6 册	段知壮	宗教自由的界定性研究	宗教学／法学

四 编 （2018 年 9 月出版）

ISBN：978-986-485-490-5　　　　　　　　定价（台币）$18,000 元

册 次	作 者	书 名	学科别（／表示跨学科）
第 1 册	陈卫真 高 山	基督、圣灵、人 ——加尔文神学中的思辨与修辞	神学
第 2 册	林庆华	当代西方天主教相称主义伦理学研究	神学／伦理学
第 3 册	田燕妮	同为异国传教人：近代在华新教传教士与天主教传教士关系研究（1807～1941）	历史
第 4 册	张德明	基督教与华北社会研究（1927～1937）（上）	社会学
第 5 册	张德明	基督教与华北社会研究（1927～1937）（下）	
第 6 册	孙晨荟	天音北韵——华北地区天主教音乐研究（上）	基督教音乐
第 7 册	孙晨荟	天音北韵——华北地区天主教音乐研究（下）	
第 8 册	董丽慧	西洋图像的中式转译：十六十七世纪中国基督教图像研究	基督教艺术
第 9 册	张 欣	耶稣作为明镜——20 世纪欧美耶稣小说	基督教文学

五 编 （2019 年 9 月出版）

ISBN：978-986-485-809-5　　　　　　定价（台币）$20,000 元

册　次	作　者	书　名	学科别（／表示跨学科）
第 1 册	王玉鹏	纽曼的启示理解（上）	神学
第 2 册	王玉鹏	纽曼的启示理解（下）	
第 3 册	原海成	历史、理性与信仰——克尔凯郭尔的绝对悖论思想研究	哲学
第 4 册	郭世聪	儒耶价值教育比较研究——以香港为语境	宗教比较
第 5 册	刘念业	近代在华新教传教士早期的圣经汉译活动研究（1807～1862）	历史
第 6 册	鲁静如王宜强编著	溺女、育婴与晚清教案研究资料汇编（上）	资料汇编
第 7 册	鲁静如王宜强编著	溺女、育婴与晚清教案研究资料汇编（下）	
第 8 册	翟风俭	中国基督宗教音乐史（1949 年前）（上）	基督教音乐
第 9 册	翟风俭	中国基督宗教音乐史（1949 年前）（下）	

六 编 （2020 年 3 月出版）

ISBN：978-986-518-085-0　　　　　　定价（台币）$20,000 元

册　次	作　者	书　名	学科别（／表示跨学科）
第 1 册	陈倩	《大乘起信论》与佛耶对话	哲学
第 2 册	陈丰盛	近代温州基督教史（上）	历史
第 3 册	陈丰盛	近代温州基督教史（下）	
第 4 册	赵罗英	创造共同的善：中国城市宗教团体的社会资本研究——以 B 市 J 教会为例	人类学
第 5 册	梁振华	灵验与拯救：乡村基督徒的信仰与生活（上）	人类学
第 6 册	梁振华	灵验与拯救：乡村基督徒的信仰与生活（下）	
第 7 册	唐代虎	四川基督教社会服务研究（1877～1949）	人类学
第 8 册	薛媛元	上帝与缪斯的共舞——中国新诗中的基督性（1917～1949）	基督教文学

七　编　（2021 年 3 月出版）

ISBN：978-986-518-381-3　　　　　定价（台币）$22,000 元

册　次	作　者	书　名	学科别（／表示跨学科）
第 1 册	刘锦玲	爱德华兹的基督教德性观研究	基督教伦理学
第 2 册	黄冠乔	保尔.克洛岱尔天主教戏剧中的佛教影响研究	宗教比较
第 3 册	宾静	清代禁教时期华籍天主教徒的传教活动（1721～1846）（上）	基督教历史
第 4 册	宾静	清代禁教时期华籍天主教徒的传教活动（1721～1846）（下）	
第 5 册	赵建玲	基督教"山东复兴"运动研究（1927～1937）（上）	基督教历史
第 6 册	赵建玲	基督教"山东复兴"运动研究（1927～1937）（下）	
第 7 册	周浪	由俗入圣：教会权力实践视角下乡村基督徒的宗教虔诚及成长	基督教社会学
第 8 册	查常平	人文学的文化逻辑——形上、艺术、宗教、美学之比较（修订本）（上）	基督教艺术
第 9 册	查常平	人文学的文化逻辑——形上、艺术、宗教、美学之比较（修订本）（下）	

八　编　（2022 年 3 月出版）

ISBN：978-986-404-209-8　　　　　定价（台币）$45,000 元

册　次	作　者	书　名	学科别（／表示跨学科）
第 1 册	查常平	历史与逻辑：逻辑历史学引论（修订本）（上）	历史学
第 2 册	查常平	历史与逻辑：逻辑历史学引论（修订本）（下）	
第 3 册	王澤偉	17～18 世纪初在華耶穌會士的漢字收编：以馬若瑟《六書實義》为例（上）	语言学
第 4 册	王澤偉	17～18 世纪初在華耶穌會士的漢字收编：以馬若瑟《六書實義》为例（下）	
第 5 册	刘海玲	沙勿略：天主教东传与东西方文化交流	历史

第 6 册	郑媛元	冠西东来——咸同之际丁韪良在华活动研究	历史
第 7 册	刘影	基督教慈善与资源动员——以一个城市教会为中心的考察	社会学
第 8 册	陈静	改变与认同: 瑞华浸信会与山东地方社会	社会学
第 9 册	孙晨荟	众灵的雅歌——基督宗教音乐研究文集	基督教音乐
第 10 册	曲艺	默默存想，与神同游——基督教艺术研究论文集（上）	基督教艺术
第 11 册	曲艺	默默存想，与神同游——基督教艺术研究论文集（下）	
第 12 册	利瑪竇著、梅謙立漢注 孫旭義、奧覓德、格萊博基譯	《天主實義》漢意英三語對觀（上）	经典译注
第 13 册	利瑪竇著、梅謙立漢注 孫旭義、奧覓德、格萊博基譯	《天主實義》漢意英三語對觀（中）	
第 14 册	利瑪竇著、梅謙立漢注 孫旭義、奧覓德、格萊博基譯	《天主實義》漢意英三語對觀（下）	
第 15 册	刘平	明清民初基督教高等教育空间叙事研究——中国教会大学遗存考（第一卷）（上）	资料汇编
第 16 册	刘平	明清民初基督教高等教育空间叙事研究——中国教会大学遗存考（第一卷）（下）